中华五千年
文学家评传

弘扬中华当代主旋律
掀起少年国学热旋风

U0870713

中华历史名人略传丛书

中华五千年

文学家评传

姜春颖◎主编

中国纺织出版社

内 容 提 要

中华民族历史悠久，典籍浩如烟海，文学人物风姿万千。纵观中华五千年光辉灿烂的文学历史，唐诗、宋词、元曲、明清小说，都是中华民族的瑰宝。而创造这些瑰宝的文学家，不断把中国文学不断推向巅峰。

本书对我国古代及近代文学家进行了客观介绍，并对他们的文学造诣和代表作品及对历史进程的影响做了精彩的评点。《中华五千年文学家评传》一定会成为青少年读者一本理想的教育读本。

图书在版编目（CIP）数据

中华五千年文学家评传 / 姜春颖主编. —北京：中国纺织出版社，2012.6（2023.4重印）

(中华历史名人略传丛书)

ISBN 978-7-5064-8365-0

Ⅰ.①中…　Ⅱ.①姜…　Ⅲ.①文学家-评传-中国-古代

Ⅳ.①K825.6

中国版本图书馆CIP数据核字（2012）第034090号

策划编辑：徐丽丽　　责任编辑：徐丽丽　　责任印制：陈　涛

中国纺织出版社出版发行

地址：北京东直门南大街6号　邮政编码：100027

邮购电话：010—64168110　传真：010—64168231

http://www.c-textilep.com

E-mail:faxing@ c-textilep.com

永清县晔盛亚胶印有限公司印刷　各地新华书店经销

2012年6月第1版　2023年4月第3次印刷

开本：710×1000　1/16　印张：12

字数：147千字　定价：39.80元

前言

为了“弘扬中华当代主旋律，掀起少年国学热旋风”，把中小学生读物做得更全面，更适合他们积累知识、提高阅读能力，我们倾力打造了“中华历史名人略传”丛书。这是我们以中华五千年国学精髓为基点，由资深教育理论专家共同参与策划，推出的当代青少年智慧阅读经典丛书之一。

我们中华民族自古就是礼仪之邦，青少年儿童是我们伟大文明的继承者。青少年教育要从我做起、从现在做起，引领他们去了解、学习、发扬中华民族的文化精髓，树立他们“遵纪守法、公平正义、诚信友爱”的思想意识，时刻倡导他们弘扬当代主旋律。特别是在新时期，构建和谐社会，树立少年儿童的社会主义荣辱观显得尤其重要。

传承中华国粹，弘扬传统文化。传统文化的复兴必须从孩子们身上着手，培养他们“天下兴亡，匹夫有责”的爱国情操；“己所不欲，勿施于人”的待人之道；吃苦耐劳、勤俭持家、尊师重教的传统美德，中华文明才能世代相传。

中华上下五千年的历史，其实就是一幕幕人间的活话剧，这些名人不但用自身的人格魅力影响着历史的进程，而且还无时无刻不将我们的华夏文明传播四方。由此可见，如何挖掘和发扬传统文化，古为今用，成为当代教育所面临的重要课题。

“中华历史名人略传”丛书将中华上下五千年的中国历史名人，选择经典代表性的人物进行了分门别类，共分为五大名家，其中包括政治家、思想家、军事家、文学家、科学家。同时，书中将他们的思想、行为、所取得的成就及历史评价进行了深入的剖析和解读。

“中华历史名人略传”丛书，故事通俗易懂，会使读者耳目一新，受益匪浅，一定会成为当代青少年最喜爱的教育读本。精彩的专家品析，也一定能成为当代关心孩子教育的家长们的良师益友。

中华民族历史悠久，典籍浩如烟海，文学人物风姿万千。纵观中华五千年光辉灿烂的文学历史，唐诗、宋词、元曲、明清小说，都是中华民族的瑰宝。而创造这些瑰宝的文学家，不断把中国文学不断推向巅峰。

本书对我国古代及近代文学家进行了客观介绍，并对他们的文学造诣和代表作品及对历史进程的影响做了精彩的评点。《中华五千年文学家评传》一定会成为青少年读者一本理想的文学读物。

由于编著者水平有限，时间仓促，书中缺点和错误在所难免，希望专家和文学爱好者提出宝贵意见和建议，待我们今后编著过程中更加完善。

编者

2012年3月

目 录

三閭大夫屈原天問圖
屈原

01 爱国诗人，矢志不移（屈原·战国）

【生平简介】

姓名：屈平。
别名：屈原。
出生地：楚国丹阳（今湖北秭归）。
生卒年：约公元前340—约前278年。
身份：官员、爱国诗人。
主要成就：促成楚齐联盟、创立“楚辞”文体。

【名家推介】

屈平（约公元前339—约前278），字原，后世称呼他为屈原。战国末期楚国丹阳（今湖北秭归）人，是我国最伟大的浪漫主义诗人之一。

屈原出身于楚国贵族，一生报效楚国，忠诚于心于楚怀王，但却屡遭排挤，楚怀王死后又因襄王听信谗言而被流放，最终自投汨罗江而死。他一生忧国忧民，以百姓的安危为己任。

他创立了“楚辞”文体，并开创了“香草美人”的传统。代表作品有《离骚》、《九歌》等。

【名家故事】

战国七雄，包括齐、楚、燕、韩、赵、魏、秦，他们争城夺地，互相杀伐，连年混战不断。当时，楚国的大诗人屈原正当青年，就任楚怀王的左司徒。他看到百姓饱受战争祸患，流离失所，深感痛心。屈原立志报国为民，劝楚怀王任用贤能，爱护百姓，很快得到了楚怀王的信任。他为了实现振兴楚国的大业，对内积极辅佐怀王变法图强，对外坚决主张联齐抗秦，使楚国一度出现了国富兵强、威震诸侯的局面。

在战国时期，西部的秦国最强大，为了成就霸业，秦经常攻击六国。因此，屈原亲自到各国去联络，联合抗击秦国。楚怀王十一年，屈原的外交初见成效。楚、齐、燕、赵、韩、魏六国君王齐集楚国的都城结成联盟，楚怀王成了联盟的领袖。诸侯联盟的力量限制了强秦的扩张，屈原更加得到了怀王的重用，很多内政、外交大事都由屈原做主。

然而，楚国以公子子兰为首的贵族群体，对屈原非常嫉妒和忌恨，常在楚怀王面前造谣中伤他。强大的秦国时刻关注这一情况，秦王认为拆散六国联盟的时机已经到来，连忙把相国张仪召进宫来商量。张仪认为六国中间，齐、楚两国力量最强，只要离间这两国，联盟也就土崩瓦解了。于是，他愿意趁楚国内部不和的机会，亲自去拆散六国联盟。

秦王准备了大量金银财宝交给张仪，张仪到了楚国都城，先去拜访屈原，阐明了秦国的强大和秦楚联合的好处，屈原义正词严地说："楚国不能改变六国联盟的主张。"

张仪在屈原那里吃了个闭门羹，于是转而拜访子兰并对他说："有了六国联盟，怀王才信任屈原，拆散了联盟，屈原就没有什么可怕了。"本来对屈原嫉妒的子兰听了这些话，十分高兴。于是，在子兰的撮合下，楚国的贵族纷纷倒向张仪一边。子兰又引他拜见了怀王最宠爱的王后郑袖，张仪把一对价值万金的白璧献给了郑袖，郑袖欣然表示愿意帮助他们促成秦楚联盟。于是他们达成了一致的意见："要秦楚联合，先要拆散六国联盟；要拆散联盟，先要怀王不信任屈原。"

子兰想了一条计策：向怀王诽谤说屈原向张仪索取贿赂，而张仪并没有给他好处，于是屈原怀恨在心，并由郑袖在怀王面前透出这个风声，怀王听了半信半疑。

第二天，怀王摆下酒席招待张仪，席间讨论秦楚友好，屈原坚决反对，和子兰等大臣进行了激烈争论。屈原认为："放弃了六国联盟，就给秦国以可乘之机，这是楚国生死存亡的关键问题。"说到激动处，他走到怀王面前大声说："大王，不能相信呀！张仪是秦国派来拆散联盟、孤立楚国的，万万相信不得……"怀王想起郑袖所说，果然看到屈原竭力反对秦楚和好，就叫武士把他拉出宫门。

屈原回到家里闷闷不乐，想到亲手结成的联盟一旦破坏楚国就不保了，不禁顿足长叹。后来，他几次要求楚怀王见他，但是怀王不再见他，他越来越忧愁，常常整夜不眠。他写了一篇名叫《离骚》的长诗，把对楚国的担忧和自已的怨愤都写了进去，以此来抒发自己的情感。

这篇诗传到楚怀王那里，子兰等人又得到了攻击的材料，说屈原把怀王比作商纣王，怀王一怒，撤掉了屈原的官职。后来，楚王又下了一道命令："把屈原贬为三闾大夫，在外为官，永远不要进楚国的宫殿。"

屈原走了，楚国满朝文武都投入郑袖、子兰一党，联盟不久就散了。从楚怀王二十七年起，秦国连连对楚国发动战争，楚国国势一天不如一天，失掉了对抗秦国的力量。子兰等人赶走了屈原后，醉生梦死过日子。过了三年，楚怀王被秦国欺骗，接受会盟，死在逃亡的路上。

齐襄王继位后，屈原在流放的陵阳日夜不宁，牵挂着楚国的安危，接二连三地又听到楚国的局面越来越坏，满腹的忧愁愤恨促使他写成了诗篇《天问》。他越来越老了，但对复兴楚国的希望却一天也没有熄灭过。多少次，他徘徊在汨罗江边。他怀念郢都，怀念百姓，憎恨敌人，憎恨奸邪，决心用自己的生命去警告卖国的小人，激发楚国百姓的爱国之心。于是，他解下衣服，用衣服包起江边的石头，用带子紧紧绑在自己身上，奋力向江心一跳。爱国诗人屈原带了楚国的一块干干净净的石块，很快沉了下去，这天是农历五月初五。

屈原于农历五月初五投江自尽，中国民间五月初五端午节包粽子、赛龙舟的习俗就源于人们对屈原的纪念。屈原是世界和平理事会于1953年选出的"世界四大文化名人"之一，影响着全世界，并受到世界人民的尊重和爱戴。

【专家品析】

屈原是中国文学史上第一位伟大的爱国诗人，是浪漫主义诗人的杰出代表，作为一位杰出的政治家和爱国志士，屈原爱祖国、爱百姓，坚持真理，宁死不屈的精神和他的优秀人格，千百年来感召着无数华夏儿女。

屈原的诗歌创作，开创的新诗体——楚辞，突破了《诗经》的表现形式，极大地丰富了诗歌的表现力，为我国古代的诗歌创作开辟了一片新天地。后人因此将《楚辞》与《诗经》并称为“风骚”，是中国诗歌史上现实主义和浪漫主义两大风格的源头。

【代表作品】

《离骚》是屈原的代表作，是中国古代诗歌史上最长的一首浪漫主义的政治抒情诗。诗人从自叙身世、品德、理想写起，抒发了自己遭谗被害的苦闷与矛盾，斥责了楚王昏庸、小人猖獗与朝政腐朽，表现了诗人坚持“美政”理想，抨击当时社会的黑暗现实，表达了诗人不与邪恶势力同流合污的斗争精神和至死不渝的爱国热情。

02 淮南鸿烈，驾鹤飞升（刘安·西汉）

【生平简介】

姓名：刘安。

出生地：不详。

生卒年：公元前179—前122年。

身份：西汉皇族，淮南王，西汉知名的思想家、文学家。

主要成就：主持编著了“第一流”的划时代巨著《淮南子》。

【名家推介】

刘安（公元前179—前122），汉高祖刘邦之孙，淮南厉王刘长之子。他是西汉知名的思想家、文学家，奉汉武帝之命所著《离骚体》（又称为《离骚传》），是中国最早对屈原及其《离骚》作高度评价的著作。

他所编写的《淮南子》一书传于后世。刘安是豆腐的创始人。后来企图起兵反叛汉王朝失败，被逼迫自杀。

【名家故事】

公元前176年，刘安承袭了父亲的爵位，出任淮南王。刘安不同于自己骄横无比的父亲，他喜欢交友，他招募的宾客和术士最多时竟达到了几千人。这些宾客在淮南王府不仅从事讲学、炼丹之事，而且还经常与他进行为政、治学以及做人的讨论。刘安也不同于一般的皇室子弟，他从小就不太喜欢骑马、打猎，而是爱好读书、学艺、弹琴，尤其热衷于道家黄老之术。由于他天资聪明，加上勤奋好学，刘安成了当时颇有名气的学者，在各诸侯王中也享有很高的声誉。汉武帝对他这位才华出众的皇叔很是欣赏，曾专门召他来长安撰写《离骚传》。据说汉武帝清晨下达了诏令，刘安中午就把《离骚传》给写好了，汉武帝看过后连声称赞。

然而，尽管汉武帝非常欣赏刘安的才情，但他强力推行的“罢黜百家、独尊儒术”的统治思想，和刘安推崇的“无为而治”的道家学说南辕北辙，而父亲刘长之死更成了刘安心中的一个“死结”。因此，刘安在广招门客进行探讨的同时，也在不断地积蓄力量，为有朝一日的谋反做着准备。

在刘安招募的数千门客中，有八个人最具才华，他们分别是苏非、李尚、左吴、陈由、伍被、毛周、雷被和晋昌，这八个人号称是淮南王府上的“八公”。其中雷被是一位剑艺精湛的剑客，他在与淮南王太子刘迁的一次比试中，失手击中了刘迁，从此惹怒太子，后来更是被逼得在淮南国里待不下去了。雷被于是向刘安请求，跟随大将军卫青去打匈奴。没想到刘安听后，反倒认为雷被起了叛心，并将他免了职。心怀怨恨的雷被索性逃出淮南王府，跑到长安城状告起刘安来。根据汉律，凡阻挠执行天子诏令者，应被判弃市死罪。此时正忙着“削藩”的汉武帝，早已对刘安的所作所为有所耳闻，因此雷被这一状正好告对了时候，汉武帝顺水推舟，剥夺了刘安的封地。

“八公”中的另外一位门客伍被，在得知刘安准备谋反时，曾经多次进行劝阻，但刘安不仅不听，还总是拿出秦末陈胜、吴广起义成功的例子来反唇相讥，伍被见自己的谏言得不到采纳，也决定反戈一击，将刘安谋反一事密报给了朝廷。

俗话说“福无双至，祸不单行”，就在刘安面临生死存亡的关键时刻，他的孙子刘建又跳了出来，朝自己爷爷的心窝上狠狠地捅了一刀。刘建的父亲刘不害因为是庶出，很少得到刘安的宠爱，长期心存怨言。此时，他那个没长脑袋的儿子刘建，竟然也跑到了长安城告起状来。刘建的目的原本是想陷害太子刘迁，让自己的父亲当上淮南王的继承人。只是他没有想到，这一状恰恰将自己的爷爷送上了黄泉路。

如此一来，雷被告状在前，伍被、刘建告发在后，汉武帝于是派有名的酷吏张汤前来办案，结果认定刘安谋反属实。公元前122年，汉武帝以刘安“阴谋聚众，叛逆滋事”等罪名，派兵进入淮南，从刘安家中搜出了准备用于谋反的攻战器械，和用来行诈而伪造的玉玺金印，自知罪无可赦的刘安被迫自杀，而与他串通一气的衡山王刘赐闻讯后，也自杀而亡。

刘安死后，朝廷严厉追究此事，受牵连被杀者多达数千人。此后，汉武帝下诏废除了淮南国，将淮南改为九江郡，收归朝廷，淮南王宗族至此覆亡。

淮南王刘安带着满腹的怨恨和遗憾，匆匆走上了不归之路，但这位博学之士却为后人留下了一份宝贵的精神财富，汉人著述中第一流的划时代巨著《淮南子》留给了后人。

《淮南子》又被称为《淮南鸿烈》或《鸿烈》，是刘安在做淮南王时，招募宾客数千人撰写而成的。此书虽为多人合作完成，但善为文辞的刘安，则被公认为是名副其实的主要著述者，《淮南子》中有他亲自撰写的文章，这本书也大体上反映出了他本人的思想。

《淮南子》吸取了《老子》、《庄子》，成为集黄老学说集大成的理论著作，它不仅对“道”、“天人”、“形神”等问题提出了独特见解，同时又在继承春秋时的“气”说与战国中期稷下黄老之学的精气“说”的基础上，提出了“元气论”的概念和系统的宇宙生成论。传说中刘安想服仙丹成仙，炼制丹药炼出了豆腐，于是这味美滋补的豆腐就盛行于世了。

【专家品析】

刘安是“无为而治”治国思想的极大推崇者，他先后对道家精髓加以改进，并不循先法，不守旧章，秉承自然规律制定了一系列轻刑薄赋、鼓励生产的政策，使淮南国出现了国泰民安的景象。

尽管刘安的治国政策得到百姓的拥护，可是在那独尊儒术的时代，他所奉行的道家思想却屡屡屡受挫，实在可惜。

【代表作品】

《淮南子》原为鸿篇巨制，共有“内书”二十一篇、“外书”三十三篇和“中书”八卷，全书以道家思想为主轴，内容包罗万象，涉及政治学、哲学、伦理学、史学、文学、经济学、物理、化学、天文、地理、农业水利、医学养生等多个领域，是汉代道家学说最重要的一部代表作。不过令人遗憾的是，流传至今的《淮南子》仅仅只剩下“内书”二十一篇。

03 史家绝唱，无韵离骚（司马迁•西汉）

【生平简介】

姓名：司马迁。
别名：司马子长、太史公。
出生地：夏阳（今陕西韩城或说山西河津）。
生卒年：公元前145或前135—前87年。
身份：史官。
主要成就：编著《史记》、开创纪传体史学。

【名家推介】

司马迁（公元前145或前135—前87年），字子长，西汉夏阳（今陕西韩城）人。中国古代伟大的史学家、思想家、文学家，被后人尊称为“史圣”。

他最大的贡献是创作了中国第一部纪传体通史《史记》，是中国历史上第一部纪传体通史，它记载了上自中国上古传说中的黄帝时代，下至汉武帝太初四年，共三千多年的历史，对后世的影响极为巨大。《史记》被鲁迅誉为“史家之绝唱，无韵之《离骚》”，史学“双壁”之一，前“四史”之首。

【名家故事】

元封元年，春末夏初的三四月间，正是鲜花似锦的烂漫时节，大汉封禅大典就要在泰山之颠举行。司马迁父亲司马谈作为参与制定礼仪的主角之一，可惜他因病留滞周南（即今洛阳市）未能参与，这时司马迁正好从西征前线赶回来参加这稀世罕有的大典，回到洛阳见到了生命垂危的父亲。

司马谈在弥留之际，见到了已经成才的儿子司马迁的归来，仿佛看到了希望，充满了坚定的信念。他激动不已，拉着司马迁的手，伤心地流着眼泪，嘱托后事。司马谈说：“我一生为官做太史令，最大的愿望是完成和修著史学，完成一部旷世的巨著。我已老了，我的愿望将难以实现了。难道我家世传史官的司马氏之业，就要断送在我的手里吗？”司马谈发出了悲怆的叹息，拉着司马迁的手呜咽着，只有把希望寄托在儿子身上，谆谆教导司马迁要发扬祖德，克尽孝道，继承自己开创的事业，肩负修史之任。司马迁奉使西征，很得汉武帝恩宠，又赶上封禅大典，很可能被委以重任，如果这样，那世传的史官之业真的就要断绝了。所以司马谈临终遗言，要求司马迁断仕途之想，一定要继任冷清的太史令。

司马谈需要儿子做出坚定的回答，因此他反复做儿子的思想工作，首先司马谈以孝道之义教育司马迁；再次司马谈高度评价了修史的重要意义，不亚于历朝历代伟大历史人物的创业。从立身的事业上说，他把修《太史公书》与孔子修《春秋》相比，尽孝、尽忠、立身，这三者的完美统一，是铸造伟大人物品格不可或缺的。司马迁俯首流涕，恭敬地听着父亲临终的教晦，已在心中下定决心，一定要完成《太史公书》。父子两人的手握得更紧了，两颗圣洁纯一的心熔铸在一起。

司马谈最后说：“一定要尊重史职、史德，并要牢牢记在心中。”司马迁低着头，流泪呜咽，诚恳地向父亲立下誓言。司马迁说：“儿子虽然不是很聪明，但我一定能够做到把前辈的业绩完整记录整理，不敢有丝毫的疏漏。”听完司马迁的这句话，老人家才安然地闭上眼睛。

司马谈这位执著的历史学家，虽未能亲手完成修史计划而撒手人间，但他慨叹命运而决不屈服于命运的修史精神始终感染着司马迁。司马迁立誓，接过了这付千斤重担。可以说，司马谈临终的一幕，给予司马迁的刺激是太深刻了，所以他的《史记》的记述是那样的激情满怀。

正当他专心致志写作《史记》的时候，一场飞来横祸突然降临到他的头上。原来，司马迁因为替一位将军辩护，得罪了汉武帝，入狱受了酷刑。司马迁悲愤交加，几次想血溅墙头了此残生。但想到《史记》还没有完成，想起父亲临终的重托，便打消了这个念头。他想：“人总是要死的，有的重于泰山，有的轻于鸿毛。我如果就这样死了，不是比鸿毛还轻吗？我一定要活下去！我一定要写完这部史书！”

就这样，司马迁发愤写作，用了整整十八年时间，在他60岁时，终于完成了一部52万字的辉煌巨著《史记》。这部前无古人的著作，几乎耗尽了他毕生的心血，是他用生命写成的。

司马迁想为封建统治者提供历史的借鉴作用，反映的是真实的历史，这是非常可贵的。本着实录的精神，司马迁在选取人物时，并不是根据其官职或社会地位，而是以其实际行为表现为标准。比如，他写了许多诸如游侠、商人、医生、倡优等下层人物的传记。在司马迁心目中，这些人都有可取之处。司马迁首创了以人载事，始终叙述一个人生平事迹的写法。着重写其“为人”，并注意其“为人”的复杂性，是司马迁的笔法。他在作传时，把自己的看法寓于客观的事实叙述之中，来表示自己对人物的爱憎态度。这便是司马迁作传的最大特点，即真实性和倾向性的统一。

【专家品析】

司马迁以他坚强的意志成就了《史记》，它是中国历史上第一部纪传体通史，全书一百三十篇，五十二万余字，包括十二本纪、十表、八书、三十世家和七十列传，对后世的影响极为巨大，被鲁迅先生誉为“史家之绝唱，无韵之离骚”，列为前“四史”之首，与《资治通鉴》并称为史学“双璧”。

司马迁的《史记》一书，留给后人许多启示，这些启示大多同具体的历史事件、历史人物结合在一起，这是《史记》之所以受到后人传诵、崇敬的主要原因。同时，《史记》中揭示了人们为什么要重视历史、认识历史、记住历史上的经验教训，历史演进的法则何在，在历史演进中人应当有什么作为等问题。

【代表作品】

司马迁完成了中国第一部纪传体通史——《史记》。《史记》对后世史学和文学的发展都产生了深远影响。鲁迅称《史记》为“史家之绝唱，无韵之离骚”。

司馬迁

04 叙事简约，理论畅达（刘向·西汉）

【生平简介】

姓名：刘向。

别名：更生。

出生地：江苏徐州（祖籍沛郡丰县）。

生卒年：约公元前77—前6年。

身份：经学家、目录学家、文学家。

主要成就：开创中国目录体史学研究。

【名家推介】

刘向（约公元前77—前6），原名更生，字子政，沛县（今属江苏）人。西汉经学家、目录学家、文学家。

刘向所撰《别录》，为我国最早的图书类目录。刘向是《战国策》的校订和编著者，《战国策》是一部国别体史书，主要记述了战国时期的纵横家的政治主张和策略，展示了战国时代的历史特点和社会风貌，成为后世研究战国历史的重要典籍。

【名家故事】

刘向是汉皇族楚元王刘交的四世孙，历经宣帝、元帝、成帝三朝，历任散骑谏大夫、散骑宗正、光禄大夫等职。他一生为官清正，曾屡次弹劾宦官外戚专权。成帝时受诏命校书近二十年，未完成的工作由儿子刘歆续成。后官至中垒校尉，故又世称刘中垒。

刘向曾任校秘书，《说苑》就是他校书时根据皇家藏书和民间图籍，分类编辑的先秦至西汉的一些历史故事和传说，并夹有他的议论，借题发挥儒家的政治思想和道德观念，带有一定的哲理性。原书二十卷，后世仅留存五卷，大部分已经散佚，二十卷的标目依次为：君道、臣术、建本、立节、贵德、复恩、政理、尊贤、正谏、敬慎、善说、奉使、权谋、至公、指武、谈丛、杂言、辨物、修文、反质。分类纂辑先秦至汉代史事传说，杂以议论，借以阐明儒家的政治思想和伦理观念。由于书中取材广泛，采获了大量的历史资料，所以，给人们探讨历史提供了许多便利之处。书中记载的史事，有的可与现存典籍互相印证；有的记事与《史记》、《左传》、《国语》、《战国策》、《荀子》、《韩非子》、《管子》、《晏子春秋》、《吕氏春秋》、《淮南子》等书可以对照，对后世考察历史足迹很有实际意义。

《说苑》又是一部富有文学意味的重要文献，内容多哲理深刻的格言警句，叙事意蕴讽喻，故事性颇强，又以对话体为主，《说苑》除卷十六《谈丛》外，各卷的多数篇目都是独立成篇的小故事，有故事情节，有人物对话，文字简洁生动，清新隽永，有较高的文学欣赏价值，对魏晋乃至明清的笔记小说也有一定的影响。

西汉末年，刘向校录群书时在皇家藏书中发现了六种记录纵横家的写本，但是内容混乱，文字残缺。于是刘向按照国别编订了《战国策》。刘向是战国策的校订者和编订者，《战国策》主要记述了战国时的纵横家的政治主张和策略，展示了战国时代的历史特点和社会风貌，是研究战国历史的重要典籍。《战国策》所记人物是复杂的，有纵横家，如苏秦；有义士，如鲁仲连、唐雎、颜；有不怕死的勇士，如荆轲、聂政。这些人物形象逼真，刻画得栩栩如生。《战国策》的文章长于说事，无论个人陈述或双方辩论，都喜欢渲染夸大，充分发挥，畅所欲言，具有很强的说服力，此外，描写人物形象极为生动，而且善于运用巧妙生动的比喻，通过有趣的寓言故事，增强文章的感染力。

1973年，在长沙马王堆三号汉墓出土了一批帛书，其中一部类似于现代版本的《战国策》，整理后定名为《战国纵横家书》，该书共二十七篇，其中十一篇内容和文字与今本《战国策》和《史记》大体相同。

《战国策》的文学价值历来为研究者所称赞，但是对它的思想却是众说纷纭。这是由于该书与后世的儒家思想不符，过于追逐名利。而且过于夸大纵横家的历史作用，降低了史学价值。

【专家品析】

刘向编撰的《战国策》一书反映了战国时代的社会风貌，当时士人的精神风貌，不仅是一部历史著作，也是一部非常好的历史散文。它作为一部反映战国历史的历史资料，比较客观地记录了当时的一些重大历史事件，是战国历史的生动写照。它详细地记录了当时纵横家的言论和事迹，展示了这些人的精神风貌和思想才干，另外也记录了一些义勇志士的人生风采。

《战国策》的文学成就也非常突出，在中国文学史上，它标志着中国古代散文发展的一个新时期，文学性非常突出，尤其在人物形象的刻画，语言文字的运用，寓言故事等方面具有非常鲜明的艺术特色。

【代表作品】

刘向按照国别编订了《战国策》，它是一部先秦历史文献，因长于说事而著名，是一部国别体史书，编辑东西周及秦、齐、楚、赵、魏、韩、燕、宋、卫、中山各国大事，共三十三卷，约十二万字。上接春秋，下至秦及其六国，记事约二百四十年。主要记述了战国时的纵横家的政治主张和策略，展示了战国时代的历史特点和社会风貌，是研究战国历史的重要典籍。

05 潜心廿载，修撰汉书（班固·东汉）

【生平简介】

姓名：班固。

字：孟坚。

出生地：扶风安陵人。

生卒年：公元32—92年。

身份：史学家、文学家。

主要成就：在沿革地理学的开创和地理资料的保存方面做出极大贡献。

【名家推介】

班固（公元32—92），东汉官吏、史学家、文学家。史学家班彪之子，字孟坚，汉族，扶风安陵（今陕西咸阳东北）人。

班固是东汉前期最著名的辞赋家，著有《两都赋》、《答宾戏》、《幽通赋》等，潜心二十余年，修成《汉书》一百二十卷。

【名家故事】

班固生活的时代是汉朝已建立了二百多年之际，东汉王朝空前统一和强盛，经济发达，版图辽阔，陆海交通发达，为此，班固对正史《汉书·地理志》的开创之功不可忽视。

班固《汉书·地理志》的内容共分三部分：卷首从黄帝到战国、秦、汉时期，并依照汉代语言作了文字上的修改；卷尾至卷终收录了《战国策》和刘向《域分》和朱赣《风俗》部分；正文以西汉行政区为主，以郡为纲，以县为目，详尽记述西汉地理概况。这部分是以汉平帝元始二年的全国疆域、行政区划为基础，叙述了一百零三个郡国及所辖一千五百七十八个县的建制改革、户口统计、山川湖泊、水利设施、古迹名胜、关隘险要、物产、工矿、耕地等内容，篇幅占了《汉书·地理志》的三分之二。正文以疆域政区为框架，将西汉各种自然地理和人文地理现象分别排列于相关的政区之下，从行政区角度来了解各种地理现象的分布及其相互关系的编写体例，可以称之为行政区地理志。这种体例创自班固，表现了他以人文地理为中心的新地理观。

班固对以前的地理著作，如《山海经》、《职方》等，一般都以山川为主体，将地理现象分列于作者所拟定的地理区域中，而不注重疆域政区的现实情况。《禹贡》虽然有了地域观念，以山川的自然界线来划分九州，分州叙述各地的地理。但"九州"仅是个理想的制度，并没有实现过。所以《禹贡》还不是以疆域、行政区为主体为纲领的地理著作。班固之所以形成以人文地理为中心的新的地理观，除了他本人的原因之外，还因为他生活在东汉这个具体的历史时代。

我国行政区划起始于春秋战国之际，但尚未有统一四海的封建国家出现。随后的秦代虽然一统天下，但历时很短。自汉朝建立到班固生活的东汉，已经有了二百多年长期稳定的历史，在疆域广袤的封建大帝国内，建置并完善了一级和二级行政区划。长期实施的社会制度，促成了新地理观念的产生，班固的这种新地理观随着大一统观念的加强，随着重人文、轻自然、强调天人合一的中国传统文化精神的巩固而一起被长期继承下去。后世各正史地理志都以《汉书·地理志》为蓝本，班固的地理观及其《汉书·地理志》模式对中国古代地理学的发展产生了深远影响。一方面是为我国保留了一大批极有价值的人文地理资料，另一方面也妨碍了自然地理观念的发展。直到明末《徐霞客游记》问世之前，我国始终缺乏对自然地理现象进行科学描述和研究的专著，至多只有记录自然地理现象分布和简单描述的作品，往往还是像《水经注》那样以人文地理资料的记录为主，之所以出现这种情况，班固的地理观及其《汉书·地理志》模式的影响不能不说是其重要原因之一。

班固不仅在《汉书·地理志》中首创了政区地理志的模式，同时也完成了首例改革地理的著作。《汉书》虽然是西汉一朝的断代史，但《汉书·地理志》记述的内容超出西汉一朝。它沿袭《禹贡》、《周官》、《春秋》，下到战国以及秦、汉。它是一部西汉的地理著作，又涉及各郡国的古代历史、政区变迁改革等。班固在《汉书·地理志》中注重地理沿革的做法被以后的正史地理志、全国地理总志和大量的地方志所沿用，使后世的沿革地理著作成为中国古代地理学的重要部分。

班固的《汉书》是我国西汉的断代史，其中记载了当时大量的自然和人文地理资料，尤其集中在其中的《地理志》以及《沟洫志》和《西域列传》等篇目中。《汉书·地理志》的正文中就记载川渠四百八十个，薮泽五十九个，描述了全国三百多条水道的源头、流向、归宿和长度，是《水经注》出现以前内容最丰富的水文地理著作。正文中还记载有一百五十三个重要山岳和一百三十九处工矿物产位置分布情况；有屯田的记录；有水利渠道的建设；有各郡国及首都长安、少数重要郡国所及县的户数和人口数统计资料一百一十三个，是我国最早的人口分布记录，也是当时世界上最完善的人口统计资料。书中有陵邑、祖宗庙、神祠的分布；有具有历史意义的古国、古城及其他古迹记录；有重要的关、塞、亭、障的分布以及通塞外道路的内容等。总之，《汉书》中所记载的自然地理、经济地理、人口地理、文化地理、军事交通地理等内容为今天研究汉代的社会提供了宝贵的资料。

【专家品析】

班固是我国东汉著名的学者，《汉书》中有关地理方面的记述是他根据史料进行抄录编纂而成的，特别是《汉书·地理志》博采西汉以前的地理著作汇为一篇。著书的宗旨是“追述功德”、表彰汉朝使之“扬名于后世”，同时为当时行政管理服务。

《汉书·地理志》的模式容易被后世的正史地理志、全国总志、地方志仿效，从而对中国古代地理学的发展产生很大影响。班固所开创的《汉书·地理志》模式对后世沿革地理的蓬勃发展起了促进作用，但也阻碍了自然地理的进步；它记录了大量的人文和自然地理资料，但也阻碍了理论的发展，特别是自然地理学理论的发展。从《汉书·地理志》的内容来说，它是从事中国疆域政区沿革研究的基础，是研究我国疆域地理必读的书，是研究汉代地理必读的版本。

【代表作品】

《汉书》不仅为后世同类史书奠定了规模，而且奠定了他在中国古代地理学史中的独特地位。班固除给后世留下巨著《汉书》以外，他还写了大量的典引、诗赋、铭、颂等文章，在范晔写的《后汉书》时尚存四十一篇，现在除《后汉书》中保留的三篇外，其余大多散失。班固的地理学成就主要体现在《汉书》中，尤其是《汉书·地理志》中。

班固

孟堅漢書二十餘年始成當世甚重其書學者莫不諷誦范蔚宗謂其文贍而事詳又稱其序事不激詭不抑抗贍而不穢詳而有體使讀之者亹亹而不厭云

06 后世史家，尊称名著（陈寿·西晋）

【生平简介】

姓名：陈寿。

别名：承祚。

出生地：巴西郡安汉县（今四川南充）。

生卒年：公元233—297年。

主要成就：《三国志》与《史记》、《汉书》、《后汉书》一起被后世史学家尊称为“中华史学名著前四史”。

【名家推介】

陈寿（公元233—297），字承祚，巴西安汉（今四川南充）人。西晋史学家、文学家。

他在蜀汉时任卫将军主簿、东观秘书郎、观阁令史、散骑黄门侍郎等职。当时，宦官黄皓专权，大臣都曲意附从。陈寿因为不肯屈从黄皓，所以屡遭贬斥。西晋以后，历任著作郎、长平太守、治书待御史等职。280年，西晋灭东吴，结束了分裂局面。陈寿当时48岁，开始撰写《三国志》。

【名家故事】

南充在三国时叫巴西郡安汉县，是蜀国领地。陈寿出生于蜀后主刘禅建兴十一年，也就是刘备在白帝城向诸葛亮托孤后的第十一年，三国争霸已进入尾声。

陈寿少年时就聪慧好学，从小就对历史著作表现出了特别的兴趣。他先通读了最为古老的《尚书》和《春秋》，更精心地研习了西汉司马迁的

《史记》和东汉班固的《汉书》，熟悉了写作史书的方法。同时，他所写的文章又多彩动人，深得长辈们的赞许。

陈寿的父亲是马谡的参军，失街亭以后，陈寿的父亲和马谡一样受到处罚，马谡被诸葛亮让刀斧手杀了，这就是三国演义中经典的“诸葛亮挥泪斩马谡”。也是戏曲中“失空斩”三部曲中的“斩”，陈寿的父亲就受到髡刑的处罚，就是削发，剃去头发，这在当时是种极具污辱性的处罚，然后逐出军营，陈寿的父亲才到家乡，几年之后结婚生子，生了陈寿，陈寿的父亲把他在失街亭当中满腔义愤和不得志寄予他儿子陈寿的身上，从小对陈寿要求非常严格。

后来，陈寿的父亲病故，陈寿匆忙赶回家中，守孝三年。而在他后来编撰的《三国志》中，对于因卷入失街亭一战而受牵连的老父却只字未提，对于惩罚父亲的诸葛亮却大加颂扬，这是何等宽广的胸怀。

陈寿在大约在18岁时进入了蜀国都城成都的太学学习，遇到了影响他人生的同是南充人的谯周，在谯周门下学习时，陈寿进一步刻苦攻读史学，在南充的民间至今流传许多陈寿刻苦读书的故事。

谯周作为三国后期的重要人物或许不被今天的人们所熟知。陈寿在他的《三国志》中专门为这位同乡的老师写了一篇传记。谯周语言幽默，传记中说诸葛亮都被他幽默的话语逗乐，就是这样一个诙谐幽默的人，最终却左右了三国鼎立的格局。

三国后期，魏国逐渐强大。蜀、吴均无力与魏国抗衡。魏国伐蜀时，兵至阴平。危急关头，谯周力劝后主刘禅降魏。他向刘禅建议说：“这样既能保证自己不至于身败名裂，另一方面又能使全蜀老百姓不至于生灵涂炭。”并打消刘禅顾虑，说如果降魏后魏国不封你为王，我愿冒险去魏国说理，刘禅听从了谯周的意见，投降魏国，为此三国鼎立的格局被打破。

陈寿在《三国志》中也是如此评价他的老师的，然而，在那个忠义为本的封建社会中，谯周的所作所为在很多人看来无疑是违背忠义之道的，在当世和后世的人对于谯周都有着诸多的非议，而南充人宽容地接纳了这位颇具争议的老乡。蜀国降魏后，谯周数次拒绝了魏王封赏给他的高官厚禄。七年后，谯周在家乡于纷扰中离开了人世，誓死不肯穿魏王赐给他的寿衣。这其中的是非曲直，只能任由后世评说了。之后形式的演变，果然如同谯周所预料的那样，蜀国在归入魏国两年后，魏国的晋王司马昭之子司马炎以受禅让之名取代魏国建立晋朝，也就是历史上的西晋，公元280年，晋朝消灭吴国，至此，长达八十四年分裂割据的局面终于结束。

蜀汉灭亡那一年，陈寿31岁，渐入中年。他留在了故乡南充，闲居家中，埋头读书数年，造诣日深。外面世界所发生的一切他也都看在眼中，《三国志》的构思从那几年就开始了。

公元268年，36岁的陈寿离开故乡南充赶赴晋都城洛阳，担任西晋著作郎，专门负责编撰史书，从此人生步入了一个新的阶段。天下一统的政治环境使得陈寿编撰《三国志》的设想成为可能。从小就在蜀国成长起来的陈寿早已积累了大量蜀国的资料，后又补充魏、吴两国资料，一部长达六十五卷的宏篇史学巨著终于编撰而成。

《三国志》在完成那一刻起就在当世引起了轰动。晋惠帝在看过《三国志》后当即下诏，命令全国百姓每家每户都要抄写《三国志》，这也使得《三国志》中的故事很快就在民间普及。到唐朝时，社会上出现了一种新兴的行业——说书，又进一步推动了三国故事在民间的普及。

【专家品析】

陈寿是三国时人，蜀国灭亡时他31岁。他所修的《三国志》中的很多事是他亲身经历、耳闻目见的，比较真切。《三国志》书成之后，就受到了当时人们的好评。陈寿叙事简略，很少重复，记事翔实。在材料的取舍上也十分严慎，为历代史学家所重视。史学界把《史记》、《汉书》、《后汉书》和《三国志》合称前四史，视为纪传体史学名著。

对于今天的多数人来说，了解“三国文化”多是通过明代罗贯中所写的古典名著《三国演义》。实际上，《三国志》是史书，《三国演义》是小说，《三国演义》的全称是《三国志通俗演义》，现在我们都统称《三国演义》，演义就是小说的作者可以根据《三国志》去即兴发挥。

【代表作品】

陈寿《三国志》是一部记载魏、蜀、吴三国鼎立时期的纪传体断代史。其中《魏书》三十卷，《蜀书》十五卷，《吴书》二十卷，共六十五卷。记载了从魏文帝黄初元年，到晋武帝太康元年六十年的历史。

07 田园生活，桃花源记（陶渊明·东晋）

【生平简介】

姓名：陶渊明。
别名：五柳先生、陶潜。
出生地：浔阳柴桑（今江西九江）。
生卒年：约公元365—427年。
身份：诗人。
主要成就：田园诗人的鼻祖。

【名家推介】

陶渊明（约公元365—427），字元亮，号五柳先生，谥号靖节先生，东晋浔阳柴桑（今江西省九江市）人。东晋末期南朝宋初期诗人、文学家、辞赋家、散文家。

曾做过几年小官，后辞官回家，从此隐居，田园生活是陶渊明诗的主要题材，相关作品有《饮酒》、《归园田居》、《桃花源记》、《五柳先生传》、《归去来兮辞》、《桃花源诗》等。

【名家故事】

陶渊明年幼时家庭寒微，9岁丧父，和母亲、妹妹三人度日，孤儿寡母寄居在外祖父家里生活。外祖父家里藏书多，给他提供了阅读古籍和了解历史的条件，他不仅像一般的士大夫那样学了《老子》、《庄子》，而且还学了儒家的《六经》和文、史以及神话之类的书籍。时代思潮和家庭环境的影响，使他接受了儒家和道家两种不同的思想，培养了“猛志逸四海”和“性本爱丘山”的两种不同的志趣。

孝武帝太元十八年，他怀着“大济苍生”的愿望，出任江州祭酒。当时门阀制度森严，他出身百姓之家受人轻视，他愤然辞职回家后，州里又来召他做主簿，他也辞谢了。安帝隆安四年，他到荆州投入桓玄门下做属吏。这时，桓玄正控制着长江中上游，窥伺着篡夺东晋政权的时机，他当然不肯与桓玄同流，做这个野心家的心腹。隆安五年冬天，他也以丧母为借口辞职回家。元兴元年正月，桓玄举兵与朝廷对抗，攻入建康，夺取东晋军政大权。元兴二年，桓玄在建康公开篡夺了皇帝的位置，改国号为楚。陶渊明在家乡躬耕自资，闭户高吟，表示对桓玄称帝之事不屑一顾。

陶渊明十三年的仕宦生活，到最后辞去彭泽县令结束。这十三年，是他为实现“大济苍生”的理想抱负而不断尝试、不断失望、终至绝望的十三年。最后赋《归去来兮辞》，表明与上层统治阶级决裂，不与世俗同流合污的决心。

陶渊明辞官后过着平常百姓的生活，他居住的地方门前栽种五棵柳树，所以被人称为五柳先生。夫人翟氏，与他志同道合，安贫乐道，共同劳动，维持生活。陶渊明的晚年，生活越来越贫困，有的朋友主动送钱周济他，有时他也不免上门请求借贷。他的老朋友颜延之任始安郡太守，经过浔阳，每天都到他家饮酒。临走时，留下两万钱，他全部送到酒家，陆续饮酒。不过，他的求贷或接受周济是有原则的，江州刺史檀道济亲自拜访他，这时他又病又饿好些天，起不了床。檀道济送给他生活用品，并劝说他入仕为官，他婉言谢绝。他辞官回乡二十二年一直过着贫困的田园生活而固穷守节的志趣，到老年更加坚定。元嘉四年九月中旬神志还清醒的时候，他给自己写了《拟挽歌辞》三首，在第三首诗中末两句说：“死去何所道，托体同山阿”，表明他对死亡看得那样平淡自然。

公元427年，陶渊明走完了他63年的生命历程，与世长辞。他被安葬在南山脚下的陶家墓地中，就在今天江西省九江县和星子县交界处的面阳山脚下。如今陶渊明的墓保存完好，墓碑正中楷书“晋征士陶公靖节先生之墓”，左刻墓志，右刻《归去来兮辞》，是清朝乾隆元年陶姓子孙所立。

陶渊明被称为“隐逸诗人之宗”。他的创作开创了田园诗一派，为我国古典诗歌开创了一个新的领域。从古至今有很多人喜欢陶渊明寄意田园、超凡脱俗的人生哲学，以及他淡泊致远、恬静自然、无与伦比的艺术风格。陶渊明是两汉魏晋南北朝八百年以来最杰出的诗人，也是杰出的辞赋家与散文家。他的诗作现存一百二十五首，其中四言诗九首，五言诗一百一十六首。其余文体留存十二篇，其中辞赋三篇、韵文五篇、散文四篇。

陶渊明的诗感情真挚，朴素自然，时时流露出逃避现实、乐天知命的老庄思想，因此，陶渊明有“田园诗人”之称，也是田园诗派的鼻祖。他的诗从内容上可分为饮酒诗、咏怀诗和田园诗三大类。

在他的田园诗中，随处可见的是他对污浊现实的厌烦和对恬静的田园生活的热爱。因为有实际劳动经验，所以他的诗中洋溢着劳动者的喜悦，表现出只有劳动者才能感受到的思想感情。对现实的失望，迫使诗人回到诗歌中去构筑一个理想的社会，《桃花源诗并记》是他这一思想倾向的反映。除田园诗之外，陶渊明还有歌咏勇士的诗、有充满爱国热情的诗、有消极避世的诗，由此可见其诗歌思想的复杂性。

陶渊明的诗多取材田园风光、平常生活，运用朴素的语言、白描的手法，直率地抒写而出，这就使读者感到自然、亲切，情感真挚，没有任何人工雕琢的痕迹，引导读者去体味其中悠然冲淡的情致，走进诗人所营造的意境中去。

【专家品析】

陶渊明在我国文学史上的地位，在他死后几十年里，没有得到充分的肯定和承认。随着岁月的流逝，《陶渊明集》成为中国文学史上文人专集的第一部，充分显示出了它的重大意义。

陶渊明是个外表恬淡静穆，而内心热情济世的无神论者。他不愿与当政者同流合污，便选择了一条退隐归耕的道路。他在崇尚骈俪陈旧文风的晋代，能创造出有独物风格的田园诗的新形式，在中国诗歌发展史上作出了很大的贡献。他传世的名篇《桃花源记》，正是他对上古原始时代的那种人们自食其力、友好相处、没有种种现实纷扰与贫困的怡然自得的社会的憧憬。就是他的隐居与饮酒，放在当时的时代背景下加以分析，也含有对当时黑暗统治的不满和反抗的深刻内涵。

【代表作品】

陶渊明擅长诗文辞赋，诗多描绘自然景色及其在农村生活的情景，其中的优秀作品寄寓着对官场与世俗社会的厌倦，表露出他洁身自好、不愿屈身逢迎的志趣，但也有宣扬“人生无常”，“乐安天命”等消极思想。他的诗文的艺术特色，平淡又不乏爽朗，语言质朴自然，具有独特的艺术风格。

他是我国第一位田园诗人，并且以美好生活的向往为主题。《桃花源记》是陶渊明的代表作之一。

陶渊明

08 后汉史书，杰出成就（范晔·南北朝）

【生平简介】

姓名：范晔。

别名：蔚宗。

出生地：今河南淅川东。

生卒年：公元398—445年。

身份：历史学家。

主要成就：从历史编纂学的角度看，范晔所撰的《后汉书》在完善纪传体断代史方面，做出了较大的贡献。

【名家推介】

范晔（公元398—445），字蔚宗，南朝宋顺阳（今河南淅川东）人，南朝刘宋时历史学家。官至左卫将军，太子詹事。

宋文帝元嘉九年，范晔开始撰写《后汉书》，到元嘉二十二年以谋反罪被杀，写成了十纪、八十列传。原计划作的十志，未能完成。现在版本的《后汉书》中的八志三十卷，是南朝梁刘昭从司马彪的《续汉书》中抽出来补进去的。

【名家故事】

公元420年，23岁的范晔应召到刘裕之子彭城王刘义恭的府下为冠军参军，后又随府转为右军参军，此后十余年，他先后担任过尚书外兵郎、荆州别驾从事史、秘书监、新蔡太守、司徒从事中郎、尚书吏部郎多种职务。

宋文帝元嘉九年冬，扬州刺史彭城王刘义康母亲王太妃去世。刘义康把故僚们召集到府内帮助料理丧事，范晔也到场了，刘义康的母亲死了，范晔实在悲伤不起来。在临葬前的一天夜晚，轮到他的弟弟范广渊值班，范晔兄弟俩邀了一位朋友躲在屋里喝起酒来，醉意朦胧之际，范晔忘记了利害，竟推开窗子，听挽歌助酒，这件事传出后，刘义康非常恼怒，几句谗言上去，宋文帝就把范晔打发到宣城当太守去了。

这次贬官对范晔是一次很大的刺激，仕途上的坎坷勾起了他幼年生活的某些隐痛。原来现实中的许多不能解答的问题，在同历史的经验相对照后，他逐渐整理出了一些头绪。范晔凭着个人对历史问题的理解，为后来他的历史名作《后汉书》的著述奠定了基础。这一年，他35岁。

元嘉十七年到二十一年五年多的时间里，范晔的仕途一直比较顺利。他先后担任过始兴王后军长史，并就任南下邳太守。始兴王从豫州调到建康做扬州刺史时，范晔随行入京。不久，他升任为统领一部分禁军的左卫将军和职务相当于尚书令的太子詹事。范晔具有多方面的才能，除学识渊博、善于为文外，还精通音乐，长于书法。但范晔为人傲岸不羁，不肯迎合最高统治者。他的琵琶弹得很好，并能创作新曲。宋文帝很想听听，屡次加以暗示，范晔假装糊涂，始终不肯为皇帝弹奏。

元嘉二十一年，刘义康的几位心腹筹划政变。由于范晔掌握禁军，有盛名，又多年在刘义康的部下为官，所以在网罗党羽时候，成了他们注意的对象。他们通过各种方法拉拢范晔，刘义康也因宣城之贬向他频致歉意。最初，范晔不同意参与，对方用朝廷拒绝联姻一事相激。范晔考虑到自己的处境终于参加进来。他们商定次年九月起事，刘义康的党羽孔熙先兄弟俩事先写好檄文，并要范晔以刘义康的名义起草政变宣言。由于种种原因，政变未能如期举行，这年十一月，刘义康的一个党徒徐湛之向宋文帝告密，并声称范晔是政变的主谋。于是，范晔被捕，于元嘉二十二年十二月惨遭杀害，时年48岁。范晔在临刑前，仍然坚持自己的无神论主张，对那些相信佛教并对他投石下井的同僚进行了不妥协的抗争。

《后汉书》记事上起汉光武帝刘秀建武元年，下至汉献帝建安二十五年，囊括东汉一代一百九十六年的历史。范晔原计划写十纪、十志、八十列传。十志他委托谢俨代为编撰。谢俨编撰完毕，也卷入统治阶级内部斗争，与范晔同以谋反罪名被杀。

范晔对《后汉书》的体裁问题是动过一番脑筋的，范晔著书时曾对纪传体和编年体进行过比较，在他看来，采用纪传体写史比编年体更能全面地反映历史的本来面目，能给后人提供更多的东西。

《后汉书》集中起来有如下特点：

《后汉书》大部分沿袭《史记》、《汉书》的现成体例，但在成书过程中，范晔根据东汉一代历史的具体特点，又有所创新，有所变动。东汉从和帝开始，连续有六个太后临朝，把她们的活动写成纪的形式，既名正言顺，又能准确地反映这一时期的政治特点。

《后汉书》新增加了《党锢》、《宦官》、《文苑》、《独行》、《方术》、《逸民》和《列女》七个类传。范晔是第一位在纪传体史书中专为妇女作传的史学家。尤为可贵的是，《列女传》所收集的十七位杰出女性，并不都是贞女节妇，还包括并不符合礼教道德标准的才女蔡琰。范晔首创《文苑传》更是把握了汉代的文学发展趋势，将孔门四科中地位最低的文学摆到了应有的位置。此外，《党锢传》、《宦官传》都是为反映一代特点、概括一代大事而设立的。

《后汉书》突出了“论”、“赞”的地位。司马迁、班固和陈寿在他们的著作中也都明文评史，只是具体名目不同。《史记》称“太史公曰”，《汉书》为“赞”，《三国志》叫“评”。“论”、“赞”在《后汉书》中的重要性远在前面三书之上，因为范晔不但利用这种形式评论史实，还对某一历史人物或事件进行综述，从几个方面反复地进行分析，对本传起到题解作用。

【专家品析】

范晔明确地提出写史为政治服务，可以说是历史上的第一人。他采用论赞的形式明文评论史事，把史论作为重心，成为《后汉书》的一个特点。范晔还继承了司马迁“通古今之变”的编撰思想。他在很多序、论中，打破朝代的局限性，尽量地把某一历史现象的发生、发展及其结果描述清楚，力求有所归纳。他从历史形势发展上论述古今变异，总结历史发展规律的史学研究方法是可取的。

范晔《后汉书》使用的类叙法也很有特色。他把人品相同的人合为一传，有时甚至打破时间界限，把王充、王符和仲长统都因立论切中时弊，本人又淡泊荣辱，虽然属于不同时代也合为一传，这样就大大地增加了书的容量，给不少人品很好但事迹不多的人造成了立传机会。

【代表作品】

范晔的《后汉书》，文辞优美，简洁流畅，不仅为史学名著，也称得上是文学名作。范晔将皇后列为本纪，这是《后汉书》的一大特点。他编纂《后汉书》的目的明确地提出写史为政治服务，可以说是历史上的第一人。

09 志怪小说，世说新语（刘义庆·南北朝）

【生平简介】

姓名：刘义庆。

字：季伯。

出生地：彭城（今江苏徐州）。

生卒年：公元403—444年。

身份：小说家、文学家。

主要成就：《世说新语》不仅保留了大量反映当时社会生活的珍贵史料，而且语言简炼，文字生动鲜活，是一部文学价值极高的古典名著。

【名家推介】

刘义庆（公元403—444）汉族，彭城（今江苏徐州）人。字季伯，南朝宋政权文学家。刘义庆自幼才华出众，爱好文学。除《世说新语》外，还著有志怪小说《幽明录》。

他一生从政八年，政绩颇佳。后任江州刺史，到任一年，因同情贬官王义康而触怒文帝，被调出京城，改任南京州刺史、都督和开府仪同三司。不久，以病告退，公元444年卒于建康（今南京）。

【名家故事】

刘义庆15岁就平步青云，任秘书监一职，掌管国家的图书著作，有机会接触与博览皇家的典籍，对《世说新语》的编撰奠定良好的基础，17岁升任尚书左仆射（相当于副宰相），位极人臣，但他的伯父刘裕首开篡杀之风，使得宗室间互相残杀，因此刘义庆也害怕有不测之祸，29岁便请求外调，解除左仆射一职。

30岁开始，刘义庆担任荆州刺史，颇有政绩，荆州地广兵强，是长江上游的重镇，在此过了八年安定的生活。

八年后刘义庆担任江州刺史与南兖州刺史，38岁开始编撰《世说新语》，与当时的文人、僧人往来频繁，于41岁病逝于京师。刘义庆称得上是一代文人政治家，一生虽然历任要职，但政绩却不突出，除了本身个性不热衷外，最重要的原因就是不愿意卷入刘宋皇室的权力斗争。

《世说新语》是一部笔记小说集，此书不仅记载了自汉魏至东晋士族阶层言谈、轶事，反映了当时士大夫们的思想、生活和清高荒诞的风气，而且其语言简练，文字生动鲜活，因此自问世以来，便受到文人的喜爱和重视，戏剧、小说如关汉卿的杂剧《玉镜台》、罗贯中的《三国演义》等也常常从中寻找素材。

刘义庆在扬州时候，听说了不少当地的人物故事、民间传说，所以在《世说新语》中，也记载了一些发生在当时扬州的故事。如后世熟悉的成语“咄咄怪事”，就是源自于曾担任建武将军、扬州刺史的中军将军殷浩被废为平民后，从来不说一句抱怨的话，每天只是用手指在空中写写画画，扬州的吏民顺着他的笔画暗中观察，看出他仅仅是在写“咄咄怪事”四个字而已，大家这才知道，他是借这种方法来表示心中的不平。

可惜的是，《世说新语》一书刚刚撰成，刘义庆就因病离开扬州，回到京城不久便英年早逝，宋文帝哀痛不已，赠其谥号为“康王”。

《世说新语》是魏晋南北朝时期“志人小说”的代表作。按照内容可分为“德行”“言语”“政事”“文学”等三十六类，每类收有若干则，全书共一千多则，每则文字长短不一，有的数行，有的三言两语，从此可见笔记小说“随手而记”的特性。

《世说新语》主要记述士人的生活和思想，及统治阶级的情况，反映了魏晋时期文人的思想言行，和上层社会的生活面貌，记载颇为丰富真实，这样的描写有助读者了解当时士人所处的时代状况及政治社会环境，更让我们明确地看到了所谓“魏晋清谈”的风貌。

《世说新语》是刘义庆和门下文人杂采众书编纂润色而成，是志人小说集。这部书记载了自汉魏至东晋的遗闻轶事，内容非常丰富，这部书对后世笔记小说的发展有着深远的影响，而仿照此书体例而写成的作品更不计其数，在古小说中自成一体。书中不少故事，或成为后世戏曲小说的素材，或成为后世诗文常用的典故，在中国文学史上具有重要地位，鲁迅先生称它为“名士的教科书”。《世说新语》原为八卷，今本作三卷，分德行、言语、政事、文学、方正、雅量、识鉴、赏誉等三十六门，主要记晋代士大夫的言谈、行事，较多地反映了当时士族的思想、生活和清谈放诞的风气。

此外，《世说新语》善用对照、比喻、夸张与描绘的文学技巧，不仅使它保留下许多脍炙人口的佳言名句，更为全书增添了无限光采。

如今，《世说新语》除了文学欣赏的价值外，人物事迹、文学典故、等也多为后世作者所取材，引用，对后来笔记影响尤其巨大。

《幽明录》，亦作《幽冥录》、《幽冥记》，它是刘义庆集门客所撰写的一部志怪小说集，三十卷，原书已散佚。《幽明录》中故事的体裁有地理博物体、杂史杂传体、谈佛论道体几种。其中多数作品都短小简洁，缺少细节，但描写文雅细腻。继承了传统的仙怪题材，但也有创新，尤其是在鬼怪的人情化方面取得了较大的进步，使作品更有现实感。《幽明录》中许多故事，成为后世作家取材的源泉。

《幽明录》许多作品情节曲折，神怪形象多具人情，和易可亲，极富现实性；许多作品叙事具有抒情写意的诗化特征，有的穿插文人化的诗歌，使作品充满了诗情画意，可见《幽明录》已开创了意向学小说之先河，后世借鉴者颇多。

【专家品析】

刘义庆是个"为性简素，寡嗜欲，爱好文义"的人，称得上是文人政治家。他一生虽历任要职，但政绩却平平无奇，除了本身个性不热衷外，最重要的原因就是不愿意卷入刘宋皇室的权力斗争。刘义庆为人恬淡寡欲，爱好文史，不少文人雅士集中他的门下，当时名士如袁淑、陆展、何长瑜、鲍照等人都曾受到他的礼遇。著有《幽明录》、《宣验记》等，但皆已散佚，现只存《世说新语》一书流传于世。梁代刘孝标为《世说新语》作注，引书四百多种，与《世说新语》并行。

【代表作品】

《世说新语》是刘义庆组织一批文人编写的。《世说新语》共八卷，今本作三卷，分德行、言语、政事、文学、方正、雅量、识鉴、赏誉等三十六门。《世说新语》是杂采众书编纂润色而成的志人小说集。这部书记载了自汉魏至东晋的遗闻轶事。所记虽是片言数语，但内容非常丰富，广泛地反映了这一时期士族阶层的生活方式、精神面貌及其清谈放诞的风气。这部书对后世笔记小说的发展有着深远的影响，而仿照此书体例而写成的作品更不计其数，在古体小说中自成一体。

⑩ 文心雕龙，文艺批评（刘勰·南北朝）

【生平简介】

姓名：刘勰。

字：彦和。

出生地：山东莒县东莞镇。

生卒年：公元465—520年。

身份：文学评论家。

主要成就：编著《文心雕龙》。

【名家推介】

刘勰（公元465—520），字彦和，生活于南北朝时期，中国历史上著名的文学理论家。汉族，祖籍山东莒县（今山东省日照市莒县）。

他曾做过县令、步兵校尉、宫中通事舍人，颇有清名。晚年在山东莒县浮来山创办定林寺。刘勰虽任许多官职，但其名不以为官显赫，却以文章著名，一部《文心雕龙》奠定了他在中国文学史上和文学批评史上不可或缺的地位。

【名家故事】

刘勰早年家境贫寒，笃志好学，终生未娶，曾寄居江苏镇江，在钟山的南定林寺里跟随僧人研读佛书及儒家经典，32岁时开始写《文心雕龙》，历时五年，终于写成我国最早的文学评论巨著。

该书共计三万七千余字，分十卷五十篇。包括总论、文体论、创作论、批评论四个主要部分。上部从《原道》至《辨骚》共五篇，论“文之枢纽”，阐述了刘勰对文学的基本观点，是全书的纲领和理论基础。从《明诗》到《书记》的二十篇，以“论文序笔”为中心，每篇分论一种或两三种文体，可称是文体论。下部，从《神思》到《物色》的二十篇，以“剖情析采”为中心，重点研究有关创作过程中各个方面的问题，是创作论。《时序》、《才略》、《知音》、《程器》等四篇，从不同角度对过去时代的文风、作家的成就提出批评，并对批评方法进行专门探讨，可称是文学史论和批评鉴赏论。下部的这两个部分，是全书的精华所在。最后一篇《序志》说明自己的创作目的和全书的部署意图。

《文心雕龙》从内容上说虽然分为四个方面，但理论观点首尾一贯，各部分之间又互相照应，体大思精，具有严密的体系，在古代文学批评中是空前绝后的著作，是我国文学理论遗产的瑰宝，对于我们现在从事于文学创作、文艺批评等都有重要的参考价值，对于研究由上古至南齐以前我国文学的发展，更是不可或缺的依据，值得我们重视和好好研究。刘勰的成就是杰出的、空前的、是举世公认的。

然而，由于刘勰地位和名声还不够显赫，当时的学术界还不大知道他，《文心雕龙》问世后，这部心血的结晶却得不到文坛的重视、名流的首肯。当时沈约在政界和文化界都具有重要的地位，刘勰想首先取得他的承认，却没有机会接近他。一次，刘勰把书背着，像一个卖书的小贩似的，在大路边等着沈约。当沈约坐车经过时，便拦住了他。沈约好奇地把《文心雕龙》拿来阅读，立即被吸引，对此书大加称赏。后来又常常把《文心雕龙》放在几案上随时阅读。经过沈约的称扬，刘勰的名气才大起来，《文心雕龙》终于在士林中传播开来。同时，38岁的刘勰，也告别了居留十多年的定林寺，从此开始踏上了仕途。

《文心雕龙》的创作目的是反对当时文风的“浮诡”、“讹滥”，纠正过去文论的狭隘偏颇。它在文学批评史上的突出贡献是：

(1) 初步建立了文学史的观念。他认为，文学的发展变化，终归要受到时代及社会政治生活的影响。他还注意到了文学演变的继承关系。并由此出发，反对当时种种的不良倾向。

(2) 分析论述了文学创作内容和表现形式的关系，主张文质并重。他主张“为情而造文”，反对“为文而造情”，坚决反对片面追求形式的倾向。

(3) 从创作的各个环节上总结了经验，提出了应该避免的失败教训。他指出，在创作上，作家“神与物游”的重要，强调了情与景的相互影响和相互转化。他还指出，不同风格是由于作家先天的才情、气质与后天的学识、习惯存在着差异的结果。针对当时腐败的文风，他提出了继承文学传统的必要，论述了文学创作中“新”、“故”的关系。此外，他对创作中诸如韵律、对偶、用典、比兴、夸张等手法的运用，也提出了许多精辟的见解。

(4) 初步建立了文学批评的方法论。他批评了一系列的不良风尚，他提出了“六观”的批评方法：一观位体，看其内容与风格是否一致；二观置辞，看其文辞在表达情理上是否确切；三观通变，看其有否继承与变化；四观奇正，看其布局是否严谨妥当；五观事义，看其用典是否贴切；六观宫商，看其音韵声律是否完美。这在当时是最为全面和公允的品评标准。

《文心雕龙》在中国古代文学批评和文艺理论的发展史上具有巨大的奠基意义和深远的影响，是一份十分宝贵的遗产，受到世界上许多国家的理论工作者越来越多的注意和重视。除《文心雕龙》外，刘勰还写过不少有关佛理方面的著作，在梁代还有文集行世。文集在唐初已失传，现在尚存《梁建安王造剡山石城寺石像碑》和《灭惑论》两篇散文。

【专家品析】

刘勰所撰《文心雕龙》五十篇，是我国古代第一部文学批评著述。他主张文学作品应有“风骨”（充实的内容）、华美的形式（文采），并提出文学批评的六条标准（“六观”）及其必须具备的修养，系统阐述先秦以来文学批评理论，在文学史上具有重要地位。

刘勰距今一千五百余年之遥，他的修辞之论，既有理性的阐释，又有言证、事证，既涉文章内容形式，又有关于作者思维、气质、涵养、才情等诸多方面。他能从美才、美德、美情、美辞、美文的关系方面，阐释情动而辞发，开创了完美系统的的修辞美学观。

【代表作品】

刘勰的《文心雕龙》，历时五年，终于书成我国最早的文学评论巨著，该书共计三万七千余字，共十卷，五十篇，分上、下部，各二十五篇，包括总论、文体论、创作论、批评论四个主要部分。书超前人，体大而虑周，风格迥异，独树一帜，对后世影响颇大。

11 水经注解，游记先河（郦道元·南北朝）

【生平简介】

姓名：郦道元。

字：善长。

出生地：范阳郡（河北省涿州市）。

生卒年：约公元470—527年。

身份：北朝北魏地理学家、散文家。

主要成就：奠定地理、水文等学科研究基础。

【名家推介】

郦道元（约公元470—527），字善长。汉族，范阳涿鹿（今河北涿鹿县）人。北朝北魏地理学家、散文家。

他一生仕途坎坷，博览奇书，幼时曾随父亲到山东访求水道，后又游历秦岭、淮河以北和长城以南广大地区，考察河道沟渠，搜集有关的风土民情、历史故事、神话传说，撰写成《水经注》四十卷。文笔隽永，描写生动，既是一部内容丰富多彩的地理著作，也是一部优美的山水散文汇集，堪称为我国游记文学的开创者，对后世游记散文的发展影响颇大。

【名家故事】

太和十七年秋季，北魏王朝迁都洛阳，郦道元担任尚书郎，第二年跟随魏孝文帝出巡北方，因执法清正，被提拔为治书侍御史。

魏宣武帝景明二年，郦道元担任冀州镇东府长史，采取严厉手段，打击邪恶势力。为政严酷，奸匪盗贼闻风丧胆，纷纷逃往他乡，冀州境内大治。正始元年，郦道元调任颍川太守。永平元年，又调任鲁阳太守，上表请求在当地建立学府，教化乡民。延昌二年，升任辅国将军、东荆州刺史，威猛为政。其后，蛮人向朝廷诉讼郦道元为官严厉，朝廷召郦道元返回洛阳。

魏孝明帝正光四年，郦道元担任河南尹，治理京城洛阳。此后奉诏前往北方各镇，整编相关的官吏，筹备军粮，做好防守边关的必要准备。孝昌元年，徐州刺史元法僧背叛北魏，投降南梁。郦道元奉诏率军征讨，全军在涡阳奋勇拼杀，大获全胜。返回京城后，升任御史中尉。皇亲元微诬陷叔父元渊，郦道元力陈事实真相，元渊得以昭雪；元微因此嫉恨郦道元。皇族元悦的亲信丘念仗势操纵州官选用大权，郦道元密访他的行踪，并将他捕获入狱。元悦请皇太后胡仙真说情，郦道元坚决依法处死丘念，并以此弹劾元悦，元悦从此怀恨在心。

孝昌三年丁未十月，南齐皇族、北魏雍州刺史萧宝夤在长安发动叛乱，元微、元悦使出借刀杀人之计，竭力怂恿胡太后任命郦道元为关右大使，去监视萧宝夤。萧宝夤得知情况，立即发兵包围郦道元。贼兵攻入阴盘驿亭，郦道元怒目骂贼，被叛贼杀害，终年56岁。萧宝夤下令收殓郦道元，葬于长安城东。武泰元年春，魏军收复长安，郦道元归葬于洛阳，被朝廷追封为吏部尚书、冀州刺史。

郦道元勤奋好学，广泛阅读各种奇书，立志要为西汉后期桑钦编写的地理书籍《水经》作注。他引用的文献多达四百八十种，其中属于地理类的就有一百零九种。经过多年辛苦，终于写成名垂青史的著作《水经注》。

作为一位杰出的地理学家，郦道元在《水经注》的序言中对前代的著名地理著作进行了许多点评。秦朝以前，我国已有许多地理类书籍，但当时国家不统一，生产力水平不发达，人们对地理的概念还比较模糊，这些作品中普遍存在的问题就是虚构，如《山海经》、《穆天子传》、《禹贡》等。郦道元坚决反对“虚构地理学”，他在《水经注》序言中提出了自己的研究和工作方法，那就是重视野外考察的重要性。

《水经注》一书中记载了郦道元在野外考察中取得的大量成果，这表明他为了获得真实的地理信息，到过许多地方考察，足迹踏遍长城以南、秦岭以东的中原大地，积累了大量的实践经验和地理资料。

郦道元在实地调查中原地形的同时，又广泛搜求南方的地理著作，进行对比研究，得出自己的结论。在漫长的中世纪，西方世界正处在基督教会统治的黑暗时代，全欧洲在地理学界都找不出一位杰出的学者。东方的郦道元留下了不朽的地理巨著《水经注》四十卷，不仅开创了我国古代“写实地理学”的历史，而且在世界地理学发展史上也占有重要的地位，不愧为中世纪最伟大的世界级地理学家。

郦道元在写《水经注》时，突破了《水经》只记河流的局限。他以河流为纲，详细地记述了河流流经区域的地理情况，包括山脉、土地、物产、城市的位置和沿革、村落的兴衰、水利工程、历史遗迹等古今情况，并且具有明确的地理方位和距离的观念。像这样写作严谨、内容丰富的地理著作，在当时的中国以至世界上都是无与伦比的。

从《水经注》中我们可以看到，郦道元以其饱满的笔触，为我们展现了一千四百年前中国的地理面貌，使人们读后可以对各地的地理状态及其历史变迁有较清晰的了解。例如从关于北京地区的描述中，我们可以知道当时北京城的城址、近郊的历史遗迹、河流以及湖泊的分布等，还可以了解到北京地区人们早期进行的一些大规模改变自然环境的活动，像拦河堰的修筑、天然河流的引导和人工渠道的开凿等。这是我们现在所能得到的关于北京地区最早的地理资料，也是我们研究北京地区历史地理变迁的一个重要地点。这些资料对于我们今天仍然是非常有用的。郦道元对地理学的贡献和历史功绩，是值得人们尊崇的。

【专家品析】

在《水经注》中，郦道元所记述的内容包括了全国各地的地理情况，还记述了一些国外的地理情况，其涉及地域东北至坝水（今大同江），南到扶南（今越南和柬埔寨），西南到印度新头河（今印度河），西至安息（今伊朗）、西海（今苏联咸海），北到流沙（今蒙古沙漠）。可以说，《水经注》是北魏以前中国及其周围地区的地理学的总结。

《水经注》是第一部完整记录华夏河流山川地貌的书，这部在历史上被称为“圣经贤传”、“宇宙未有之奇书”。郦道元成为山水游记文学的鼻祖，古今中外对《水经注》的研究形成了专门的学问——郦学。

【代表作品】

《水经注》全书记述了一千二百五十二条河流，及有关的历史遗迹、人物掌故、神话传说等，是我国最全面、最系统的综合性地理著作，该书还记录了不少碑刻墨迹和渔歌民谣，文笔绚烂，语言清丽，具有较高的文学价值。

⑫ 九品论人，七略裁士（钟嵘·南北朝）

【生平简介】

姓名：钟嵘。

字：仲伟。

出生地：颍川长社（今河南长葛）。

生卒年：约公元468—约518年。

身份：文学批评家。

主要成就：提出了一套比较系统的诗歌品评的标准。

【名家推介】

钟嵘（约公元468—约518），字仲伟。颍川长社（今河南长葛）人。中国南朝文学批评家。

他仿效汉代“九品论人，七略裁士”的著作先例，写成诗歌评论专著《诗品》。以五言诗为主，全书从两汉开始，分为上、中、下三品进行评论，在《诗品》中，钟嵘提倡风力，反对玄言；主张音韵自然和谐，反对人为的声病说；主张“直寻”，反对用典，提出了一套比较系统的诗歌品评的标准。

【名家故事】

钟嵘生活在齐梁时代，只做过王府记室一类小官。虽然他自己颇想在政治上有作所为，然而在门阀制度的严格控制下是不能如愿以偿的。钟嵘政治上主张“无为而治”，思想上受儒家传统观念影响较小，在文学上敢于对当时不良风气做比较尖锐的批评，是一位进步的文学理论批评家。钟嵘在《诗品》中评论了一百二十二位诗人，分析了每一位诗人的思想艺术特征及其历史渊源，按照他们成就的高低，分为上、中、下三品。在三品的序言中，则以五言诗为中心，系统地论述了诗歌发展的历史，以及有关诗歌创作的重要理论问题。他所采用的这种分品评论的方法是受汉魏以来品评人物的影响。

首先，比较深刻地阐明了文学和现实的关系。钟嵘在《诗品序》中强调指出诗歌是人的感情的表现，而人的感情的激动，是受现实生活的感触而产生的。在文艺和现实的关系上，钟嵘更为可贵的一点是他不仅仅指出了文学反映现实生活的本质，而且认为只有在描写现实生活过程中表现了进步思想感情的作品，才是最有价值、最有意义、也才是最美的作品。

其次，钟嵘提倡自然真美，反对刻意雕琢的形式主义美学观。魏晋南北朝时期，在文学创作上存在着一种片面追求形式美的错误倾向，在齐梁两代尤为严重。这种倾向在钟嵘的时代非常突出地表现在堆砌典故和排比声律这两个方面。诗歌创作中当然是可以运用典故的，运用得当可以使诗歌含义更深刻，语言更凝练，抒情更透彻，形象更鲜明，起到言有尽而意无穷的艺术效果。但是，大量地堆砌典故，使诗歌意思晦涩，那就会违背艺术的特征，使诗歌丧失自然本色美。针对这种弊病，钟嵘从维护文学特点的角度出发，着重说明一般非艺术的应用文章，可以多用典故；而作为艺术的诗歌是以抒情为主的，贵在自然流畅，不能以用典多为高。诗歌艺术应当重在形象塑造，不能用炫耀学问来代替。

从提倡自然真美的原则出发，钟嵘竭力反对当时讲究烦琐的四声八病的声律派创作倾向。钟嵘并不是完全不要诗歌的音乐美，但是他认为只要在音韵上自然流畅便是好作品，没有必要去追求那些细碎的格律。钟嵘在对声律派的评价上也有过于片面、对其贡献肯定不够之处。因为诗歌创作的音韵格律也是有规律可循的，事实上声律派对我国古典诗歌格律的形成是起过相当重要的作用的。但是，在对声律派理论的流弊的批评上，钟嵘是完全正确的，对我国古代文学思想的健康发展起过积极的促进作用。

最后，钟嵘主张风骨与辞采并重，强调要有“滋味”，具备不朽的艺术魅力。风骨是我国古代的一个重要美学范畴。钟嵘在《诗品》中所说的“风力”也即是风骨之意。他认为诗歌创作应当要以风骨为主，辞采为辅，风骨与辞采并重。钟嵘论齐梁以前五言诗发展的状况时，以建安文学为最高典范，而建安文学创作特点便是风力遒劲。

钟嵘所说的“建安风力”，我们从他的《诗品》中的总论和对各个诗人的具体论述中看，主要有以下一些特征：第一是要有慷慨悲壮的怨愤之情，并且表现得十分鲜明强烈。第二是要直抒胸臆，自然真切，而无矫揉造作、人为雕琢之态。第三是形象鲜明突出，具有简洁明朗的风格特色。总的说来，“风力”是指诗歌形象的精神本质方面的美，而“丹彩”则是指诗歌形象的物质表现形式方面的美，只有两者紧密结合，才能使文学作品形神兼备，栩栩如生。

钟嵘《诗品》的价值除了上述几方面之外，还值得我们重视的是他把诗歌发展的历史渊源归纳为《诗经》和《楚辞》这样两条线索。这是符合我国古代诗歌发展的实际情况的。《诗经》和《楚辞》是我国古代现实主义和浪漫主义两个不同流派的最早代表作。当然，钟嵘在对齐梁以前的诗人按这两条线索归类时，他的划分是有不科学之处的，对有些诗人创作上的承继关系的论述也有简单化的缺点。但是他能提出诗歌发展这两条基本线索，对我们研究诗歌发展历史很有借鉴意义。同时，钟嵘对一百多位诗人的创作特色的概括，也为我们研究这些诗人的创作，提供了很有价值的见解。在这个意义上说，《诗品》不仅是一部诗歌理论批评的专著，而且是一部关于五言诗作家作品的文学史专著。

【专家品析】

钟嵘的《诗品》是在刘勰《文心雕龙》以后出现的一部品评诗歌的文学批评名著。这两部著作相继出现在齐梁时代不是偶然的，因为它们都是在反对齐梁形式主义文风的斗争中的产物。

钟嵘的《诗品》是我国古代第一部“系统的自觉的文学批评著作”，

在我国文学理论批评史上占有重要的地位。《诗品》把自己的评论对象只限于诗歌，而且是限于五言诗。但是，它在诗歌理论批评方面作出的贡献却是重大而卓越的。它初步地建立起我国古代诗歌理论批评的体系，提出了许多有关诗歌的精辟见解。作为第一部诗论专著，《诗品》在我国古代诗歌理论批评史和诗歌发展史上都曾产生过深远的影响，自唐宋以来，它一直受到人们的普遍重视，并被称为“诗语之源”。

【代表作品】

钟嵘《诗品》是第一部论诗的著作，对后代诗歌的批评有很大的影响。唐司空图，宋严羽、敖陶孙，明胡应麟，清王士祯、袁枚、洪亮吉等人论诗都在观点上、方法上、或词句形式上受到他不同程度的启发和影响。

13 海内知己，天涯比邻（王勃·唐）

【生平简介】

姓名：王勃。
字：子安。
出生地：绛州龙门。
生卒年：公元649或650—675或676年。
身份：诗人。
主要成就：“初唐四杰”之冠。

【名家推介】

王勃（公元649或650—675或676），唐代诗人，字子安，绛州龙门

（今山西河津）人。王勃的祖父王通是隋末著名学者，号文中子。父亲王福畴历任太常博士、雍州司功等职。

王勃与杨炯、卢照邻、骆宾王齐名，称“初唐四杰”，其中王勃是“初唐四杰”之冠。王勃的诗今存八十多首，赋和序、表、碑、颂等文，今存九十多篇。

【名家故事】

王勃出身望族，为隋末大儒王通的孙子，王勃小时候很聪慧，从小就能写诗作赋，世人称为神童。

唐高宗麟德元年仲秋，右宰相刘祥道巡行关内，年方十五的王勃上书刘右相，其中第一条就是抨击唐王朝的侵略政策，反对讨伐高丽。王勃麟德三年科考，被授予朝散郎之职。此时的王勃虽然才17岁，虽还是一个少年，但由于才华毕露，在那时就与杨炯、卢照邻、骆宾王齐名并称为“初唐四杰”。

乾封初年，王勃做沛王李贤征王府侍读，两年后因做《檄英王鸡》一文，被高宗逐出王府。少年得志的王勃经过这样的打击，心情是沉重的。总章二年五月，王勃悻悻离开长安，南下入蜀，开始了他将近三年的蜀中漫游。仕途的挫折，生活的体验，山川的感召，使王勃写下了很多抒发自己情怀的诗文，其中主要是朋友间的酬唱，仕途艰难的感叹和一些抒写乡思的作品。在蜀期间，朝中曾先后征召过王勃，王勃都称病辞谢。

咸亨三年王勃返回长安，裴行俭、李敬玄听说王勃的大名，又数次召用，但王勃不屑一顾，结果触怒了裴行俭，被斥为“才名有之，爵禄盖寡”。第二年，王勃听友人陆季友说虢州很多药草，他很想去，便设法做了虢州参军。这是王勃第二次走上仕途，但谁能想到，等待他的却是第二次沉重的打击。王勃恃才傲物，在虢州参军任上与同僚的关系搞得很僵，当时有官奴曹达犯了死罪，王勃不知为什么却把他藏到自己府内。后来他又害怕此事泄露出去，就私下把曹达杀了。事情很快被发现，王勃被判死刑而入狱，后又巧遇大赦，免除了死刑。但王勃的父亲却因此事而从雍州司户参军的位置上被贬为交趾令。至于王勃擅杀官奴的具体情况，史无详载。不过，王勃没有象第一次废官后那样寄情于山川烟霞，而是更珍惜这劫后余生。

第二年朝廷虽恢复王勃原职，但他决计弃官为民而不就任。在短短的一年多时间里，王勃完成了祖父王通《续书》所阙十六篇的补阙，写成二十五卷。撰写了《周易发挥》五卷、《唐家千岁历》、《合论》十篇、《百里昌言》十八篇等，同时还创作了大量诗文作品，这是王勃一生中创作最宏富的时期。

上元二年春天，王勃从龙门老家南下，前往交趾看望父亲，一路经洛、扬州、江宁。王勃于公元667年从京都来到南昌。当时，他的生活比较穷困，无奈常为生计而奔波。这年重阳节，南昌都督阎伯舆在滕王阁大摆宴席，邀请远近文人学士为滕王阁题诗作序，王勃自然是其中宾客。在宴会中，王勃写下了著名的《滕王阁序》，接下来写了序诗：“闲云潭影日悠悠，物换星移几度秋。阁中帝子今何在？槛外长江自流。”诗中王勃故意空了一字，然后把序文呈上都督阎伯舆，便起身告辞。阎大人看了王勃的序文，正要发表溢美之词，却发现后句诗空了一个字，便觉奇怪。旁观的文人学士们你一言我一语，对此发表各自的高见，这个说，一定是“水”字；那个说，应该是“独”字。阎大人听了都觉得不能让人满意，怪他们全在胡猜，非作者原意。于是，命人快马追赶王勃，请他把落了的字补上来，待来人追到王勃后，他的随从说道：“我家公子有言，一字值千金。望阎大人海涵。”来人返回将此话转告了阎伯舆，大人心里暗想：“此分明是在敲诈本官，可气！”又一转念，“怎么说也不能让一个字空着，不如随他的愿，这样本官也落个礼贤下士的好名声。”于是便命人备好纹银千两，亲自率众文人学士赶到王勃住处。王勃接过银子故作惊讶：“何劳大人下问，晚生岂敢空字？”大家听了觉得不知其意，有人问道：“那所空之处该当何解？”王勃笑道：“空者，空也。阁中帝子今何在？

槛外长江空自流。”大家听后一致称妙，阎大人也意味深长地说：“一字千金，不愧为当今奇才。”滕王阁大宴后，王勃继续南下，于十一月初七到达岭南都督府所在地南海，第二年秋由广州渡海赴交趾，不幸溺水而卒，年仅27岁，为后世留下《滕王阁序》这一传世名篇。

王勃虽然只活了二十七个春秋，但著述仍很多，王勃的诗文集原有三十卷，现仅存《王子安集》十六卷，存诗八十多首，文章九十多篇，最著名的作品是《滕王阁序》。曾撰《汉书指瑕》十卷，《周易发挥》五卷，《次论语》十卷，《舟中纂序》五卷，《千岁历》若干卷，可惜皆佚失。

【专家品析】

王勃的文学主张崇尚实用，他在扭转齐梁余风、开创唐诗上的功劳尤大。在当朝，世人并不公认王勃以及“四杰”的诗文，但他的诗对后世诗人颇有影响，像“海内存知已，天涯若比邻”等名篇佳句都是公认的唐诗极品，而“落霞与孤鹜齐飞，秋水共长天一色”更是千古绝唱。“诗圣”杜甫赞赏“四杰”的诗文是“不废江河万古流”。

作为古代一位极富才华的作家，王勃未及而立之年便逝去，实在是中国文学的一大损失。郑振铎先生在谈到王勃诗歌对后代的贡献时，满怀激情地说：“正如太阳神万千缕的光芒还未走在东方之前，东方是先已布满了黎明女神的玫瑰色的曙光了。”王勃作为盛唐诗歌的黎明女神是无愧的。

【代表作品】

滕王阁诗

滕王高阁临江渚，佩玉鸣鸾罢歌舞；
画栋朝飞南浦云，珠帘暮卷西山雨；
闲云潭影日悠悠，物换星移几度秋；
阁中帝子今何在，槛外长江空自流！

送杜少府之任蜀州

城阙辅三秦，风烟望五津。与君离别意，同是宦游人。

海内存知己，天涯若比邻。无为在歧路，儿女共沾巾。

⑭ 七绝圣手，诗家天子（王昌龄·唐）

【生平简介】

姓名：王昌龄。

别名：少伯。

出生地：京兆长安（今陕西西安）。

生卒年：公元690—756年。

身份：诗人。

主要成就：后人誉为“七绝圣手”。

【名家推介】

王昌龄（公元698—756），字少伯，盛唐著名边塞诗人，约生于武则天圣历元年，约卒于玄宗天宝十五年。王昌龄的籍贯，有太原、京兆两说。

王昌龄有“七绝圣手”、“诗家天子”之称。与李白、高适、王维、王之涣、岑参等交情深厚。官至秘书省校书郎，代表作有《出塞》、《芙蓉楼送辛渐》等。

【名家故事】

王昌龄家境比较贫寒，开元十五年进士及第，授秘书省校书郎。开元二十二年，改任汜水县尉，再迁为江宁丞，约在开元二十五年秋，他获罪被贬谪岭南。

开元二十八年王昌龄北归，游历襄阳，拜访著名诗人孟浩然。孟浩然患疽病，快痊愈了，两人见面后非常高兴，孟浩然由于喝酒过多而病复发，竟因此而死，在这时期，王昌龄又结识了大诗人李白，有《巴陵送李十二》诗。与孟浩然、李白这样当时第一流的诗人相见，对王昌龄来说，自是一大乐事，可惜与孟浩然一见，竟成永诀，与李白相见，又都在贬途，因为当时李白正流放夜郎。

开元二十八年冬，王昌龄离京赴江宁丞任，此时已与名诗人岑参相识，岑参有《送王大昌龄赴江宁》诗，王昌龄也有诗留别。途经洛阳时，又与綦毋潜、李颀等诗人郊游，也都有诗留世。

王昌龄是盛唐诗坛著名诗人，当时即名重一时，被称为“诗家夫子王江宁”。因为诗名卓著，所以与当时名诗人交游颇多，交谊很深，除上文谈到与李白、孟浩然的交游外，还同高适、岑参、王之涣、王维、储光羲、常建等都有交谊。他因数次被贬，在荒僻的岭南和湘西生活过，也曾来往于经济较为发达的中原和东南地区，并曾远赴西北边地，甚至可能去过碎叶一带。因他有丰富的生活经历和广泛的交游，对他的诗歌创作大有好处。王昌龄擅长七言绝句，被后世称为七绝圣手。

他的诗风清丽，虽抒情色彩浓郁但不伤其清新明快。各种诗体中，他最擅长七绝。《全唐诗》收录他的诗作一百八十余首，七绝即有六十余首。王昌龄擅长七绝和李白相似，而且他的七绝水平，也不比李太白差。二人同样不拘小节，同样性情潇洒，只是李白于七绝之外，样样皆通，古风、歌行成就尤大。王昌龄用意全在七绝，别的诗体也有佳作，但影响远不如他的七言绝句。

王、李二人绝句，可称盛唐独步，终唐一代，以至宋、元、明、清，可与比肩者，不过二三人而已。王、李七绝，成就相当，但各自的特色分明，色调相近而不相淆。李白七绝，妙在自然，仿佛信口而出，内里功夫却大。王昌龄七绝，妙在千锤百炼，人工造化，浑若天成。若以书法类比，李诗好似张旭草书，虽云烟满纸，规矩自在。王诗如颜柳楷书，虽然有大规矩绝不失之呆板。如他的《出塞二首》、《芙蓉楼送辛渐》、《从军行》等都脍炙人口，几乎尽人皆知。其流传之广和李白《早发白帝城》等七绝名作不相上下，如《芙蓉楼送辛渐》：“寒雨连江夜入吴，平明送客楚山孤。洛阳亲友如相问，一片冰心在玉壶。”

王昌龄绝句的内容广泛，有送友、有观猎、有边塞、有伤怨、有青楼生活、有宫中旧事、也有根据民歌改化而来的艺术精品，送别诗的数量尤多。他的高明之处在于能把许多不同的送别感受，用不同的文字形象逼真地表现出来。如他的《别陶副使归南海》：“南越归人梦海楼，广陵新月海亭秋。宝刀留赠长相忆，当取戈船万户侯。”别情豪迈，如同壮军之酒。他的《送别魏二》：“醉别江楼橘柚香，江风引雨入船凉。忆君遥在潇湘月，愁听清猿梦里长。”别情凄苦，情长万里。他的《送柴侍御》：“沅水通流接武冈，送君不觉有离伤。青山一道同云雨，明月何曾是两乡。”别情洒脱，诗里诗外，皆是安慰。奇在他送别诗必定言月，好像无月不成行。

王昌龄写诗多写七绝，写七绝多写送别情，在友情二字上是非常有人情味的。很可叹他这么一位诗才八斗情重千金的人物，竟然一生仕途如此坎坷不平，可见盛唐之气是要出毛病了。果然在他五十多岁的时候，便遇了上战乱。盛唐元气剧伤，从此无法恢复。他也因为动乱而还归故里，竟被刺史闾丘晓因忌而杀。然而，善有善报，恶有恶报，自古而然。为时不久，张镐军兵进河南，命闾丘晓驰援张巡的许远城。偏这闾贼畏敌如鼠，逡巡不前，被张镐杀了，临刑前，他哀告张镐，说家中亲老无人赡养。张镐对他说：“王昌龄家中就没有亲老吗？他们靠谁赡养？”杀了闾丘晓，对王昌龄在天之灵，可以一慰。但于中国文学史，纵然杀一万个闾丘晓，又怎能消除失去王昌龄的千古遗恨。

王昌龄是盛唐时享有盛誉的一位诗人。殷璠《河岳英灵集》把他举为体现“风骨”的代表，赞誉他的诗为“中兴高作”，选入的数量也为全集之冠，这些都可见他在诗坛上的地位。

《全唐诗》对昌龄诗的评价是“绪密而思清”，他的七绝诗尤为出色，故被冠之以“七绝圣手”的名号。尤其是他的边塞诗，流畅通脱，高昂向上，深受后人推崇。

【专家品析】

王昌龄的边塞诗充分体现了他的爱国主义、英雄主义精神，另外还深深蕴含了诗人对下层人民的人文关怀，体现了诗人广阔的视野和博大的胸怀。王昌龄在写作方式上擅长以景喻情，情景交融。这本是边塞诗所最常用的结构，但是诗人运用最简练的技巧，于这情境之外又扩大出一个更为广阔的视野，在最平实无华的主题之中凝练出贯穿于时间与空间中永恒的思考。最具代表的作品是《出塞》。

【代表作品】

出塞

秦时明月汉时关，万里长征人未还。

但使龙城飞将在，不教胡马度阴山。

从军行

青海长云暗雪山，孤城遥望玉门关。

黄沙百战穿金甲，不破楼兰终不还。

芙蓉楼送辛渐

寒雨连江夜入吴，平明送客楚山孤。

洛阳亲友如相问，一片冰心在玉壶。

王昌龄

王昌龄（公元698—756）字少伯，汉族。盛唐著名边塞诗人，后人誉为“七绝圣手”。其籍贯有山西太原和陕西西安(京兆)两说。其诗以七绝见长，尤以登第之前赴西北边塞所作边塞诗最著。他的边塞诗气势雄浑，格调高昂，充满了积极向上的精神。世称王龙标，有“诗家天子王江宁”之称，存诗一百七十余首，著有《王昌龄集》。

⑮ 青莲居士，诗仙著称（李白·唐）

【生平简介】

姓名：李白。

别名：李太白、青莲居士。

出生地：蜀郡绵州昌隆县，一说西域碎叶。

生卒年：公元701—762年。

身份：诗人。

主要成就：创造了古代积极浪漫主义文学高峰，为唐诗的繁荣与发展打开了新局面。

【名家推介】

李白（公元701—762），字太白，号青莲居士。汉族，祖籍陇西郡成纪县（今甘肃省平凉市静宁县南），出生于蜀郡绵州昌隆县（今四川省江油市青莲乡），一说生于西域碎叶（今吉尔吉斯斯坦托克马克）。

中国唐朝诗人，有“诗仙”之称，是伟大的浪漫主义诗人。存世诗文千余篇，代表作有《蜀道难》、《行路难》、《梦游天姥吟留别》、《将进酒》等诗篇，有《李太白集》传世。公元762年病卒，享年61岁，其墓在安徽当涂，四川江油、湖北安陆有纪念馆。

【名家故事】

唐玄宗继位后，经常出去狩猎，每次都带外国使臣同去，耀武扬威，以此震慑邻国。开元二十三年，玄宗又有一次狩猎，正好李白也在西游，于是写了一篇《大猎赋》献给玄宗，希望能搏得玄宗的赏识。《大猎赋》契合玄宗当时崇尚道教的心情。李白西来的目的是献赋，另外，也趁此游览一下长安，领略这座“万国朝拜”的帝京风光。

李白进长安后结识了卫尉张卿，并通过他向玉真公主献了诗，最后两句说“何时人少室，王母应相逢”，是祝她入道成仙。

天宝元年，由于玉真公主和贺知章的交口称赞，玄宗看了李白的诗赋，对其十分仰慕，便召李白进宫。李白进宫朝见那天，玄宗降辇步迎，玄宗问到一些当世事务，李白凭半生饱学及长期对社会的观察，胸有成竹，对答如流。玄宗大为赞赏，随即令李白供奉翰林，职务是草拟文告，陪侍皇帝左右。玄宗每有宴请或郊游，必命李白侍从，利用他敏捷的诗才，赋诗纪实。虽非记功，也将其文字流传后世，以盛况向后人夸示。李白受到玄宗如此的宠信，同僚不胜艳羡，但也有人因此而产生了嫉恨之心。

在长安时，李白除了供奉翰林、陪侍君王之外，也经常在长安市上行走。他发现国家在繁荣的景象中，正蕴藏着深重的危机，那便是最能够接近皇帝的专横的宦官和骄纵的外戚他们如乌云一般笼罩着长安，笼罩着全国，给李白以强烈的压抑感，朝政的腐败、同僚的诋毁，使李白不胜感慨。

天宝三年的夏天，李白到了东都洛阳。他遇到怀才不遇的杜甫，中国文学史上最伟大的两位诗人见面了。此时，李白已名扬全国，而杜甫风华正茂，却困守洛城。李白比杜甫年长11岁，但他并没有以自己的才名在杜甫面前倨傲，杜甫也没有在李白面前一味低头称颂。两人以平等的身份，建立了深厚的友情。在洛阳时，他们约好下次在梁宋会面，访道求仙。

同年秋天，两人如约到了梁宋。两人在此抒怀遣兴，借古评今。他们还在这里遇到了诗人高适，高适此时也还没有禄位，三人各有大志，理想相同。三人畅游甚欢，评文论诗，纵谈天下大势，都为国家的隐患而担忧。这时的李、杜都值壮年，此次两人在创作上的切磋对他们今后产生了积极影响。

天宝十四年，安史之乱爆发，李白避居庐山。几经辗转李白成了驻扎在浔阳的宋若思的幕僚，为宋写过一些文表，并跟随他到了武昌。李白在宋若思幕下很受重视，并以宋的名义再次向朝廷推荐，希望再度能得到朝廷的任用。但不知什么原因，后来不但未见任用，反被长期流放夜郎（今贵州），完全出乎意料。至德二年冬，李白由浔阳道前往流放之地夜郎。因为所判的罪是长流，即将一去不返，而李白此时已届暮年，不由更觉忧伤。

乾元二年，李白行至巫山，朝廷因关中遭遇大旱，宣布大赦，规定死者从流，流以下完全赦免。这样，经过长期的辗转流离，李白终于获得了自由。他随即顺着长江疾驶而下，而那首著名的《早发白帝城》最能反映他当时的心情。到了江夏，由于老友良宰正在当地做太守，李白便逗留了一阵。乾元二年，李白应友人之邀，再次与被谪贬的贾至泛舟赏月于洞庭之上，引发思古之幽情，赋诗抒怀。不久，又回到宣城、金陵旧游之地。差不多有两年的时间，他往来于两地之间，依然依靠他人周济为生。上元二年，已60岁出头的李白因病返回金陵。在金陵他的生活相当窘迫，不得已只好投奔了在当涂做县令的族叔李阳冰。上元三年，李白病重，在病榻上把手稿交给了李阳冰，赋《临终歌》而与世长辞，终年61岁。

李白一生不以功名显露，却清高自诩，以布衣之身来藐视权贵，肆无忌惮地嘲笑以政治权力为中心的等级秩序，批判腐败的政治现象，以大胆反抗的姿态，推进了盛唐文化中的英雄主义精神。李白反权贵的思想意识，以诗人的敏感，洞察微细，在当时诗人中他和杜甫最早揭示祸乱将起。“安史之乱”的爆发，他的爱国热情因此升华，摆脱了自身思想的束缚矛盾，他的反抗性格和叛逆精神具有深刻的爱国内涵，并富于社会意义和时代特征。

李白既有清高傲岸的一面，又有庸俗卑恭的一面，他的理想和自由，只能到山林、仙境、醉乡中去寻求，所以在《将进酒》、《江上吟》、《襄阳歌》等诗中流露出人生如梦、及时行乐、逃避现实等消极颓废思想，这在封建社会正直孤傲的文人中普遍具有的代表性。

【专家品析】

李白自由解放的思想情操和具有平民倾向的个性，使他能更深入地开掘社会生活中的各种人性美，这里有对和平生活的向往之情，有对劳动生活的赞美之情。

李白是中国诗人中的游侠。这位伟大的漂泊者用他的双脚和诗笔丰富了大唐的山水人情，他的大笔横扫，狂飙突进，于是，洞庭烟波、赤壁风云、蜀道猿啼、浩荡江河，全都一下子飞扬出来。在诗中，诗人灵动飞扬，豪气纵横，像天上的云气；他神游八极，自由驰骋，像原野上的奔驰的骏马。在诗里，诗人一扫世俗的尘埃，完全恢复了他仙人的姿态。他的浪漫、癫狂、爱恨情仇、寂寞与痛苦、梦与醒，他的豪侠义气，他的漂泊，全都达到了艺术的巅峰。

【代表作品】

名句摘录

1．长风破浪会有时，直挂云帆济沧海。

2．抽刀断水水更流，举杯消愁愁更愁。

3．天生我材必有用，千金散尽还复来。

4．两岸青山相对出，孤帆一片日边来。

5．孤帆远影碧空尽，唯见长江天际流。

6．飞流直下三千尺，疑是银河落九天。

7．安能摧眉折腰事权贵，使我不得开心颜。

8．大鹏一日同风起，扶摇直上九万里。

安得廣廈千萬間大庇天下寒士俱歡顏風雨不動安如山
杜甫茅屋為秋風所破歌
丁卯雲陽劉凌滄畫
杜甫

⑯ 忧国忧民，一代诗圣（杜甫•唐）

【生平简介】

姓名：杜甫。

别名：少陵野老、杜陵布衣。

尊称：诗圣。

出生地：河南巩县（今巩义市）。

生卒年：公元712—770年。

身份：诗人。

主要成就：现实主义诗歌创作。

【名家推介】

杜甫（公元712—770），字子美，自号少陵野老，汉族，祖籍襄州襄阳（今湖北襄阳），一般认为出生于巩县（今河南巩义）。

唐肃宗时，官任左拾遗。后入蜀，任剑南节度府参谋、检校工部员外郎。故后世又称他杜拾遗、杜工部。他一生忧国忧民，人格高尚。

他是盛唐时期伟大的现实主义诗人，代表作有“三吏”、“三别”等，一生写诗一千五百多首，诗艺精湛，被后世尊称为“诗圣”。

【名家故事】

开元十九年，20岁的杜甫开始漫游吴越，五年之后回到洛阳应考举人而落第，之后杜甫再漫游齐赵大地，在洛阳相遇李白，两人相见恨晚，从此结下了深厚友谊，继而又遇到高适，三人同游梁、宋（今开封、商丘），后来李、杜又到齐州，分手后又相见在东鲁一带，这次分别便是“诗仙”与“诗圣”的最后一次相见。

这一时期，杜甫在长安应试，再次落第。当朝宰相李林甫为了达到权倾朝野的目的，竟然向唐玄宗说无人中举。最后杜甫才得到右卫率府胄曹参军（主要是看守兵甲仗器，库府锁匙的小官)的职位。这期间他写了《兵车行》、《丽人行》等批评时政、讽刺权贵的诗篇。而《自京赴奉先县咏怀五百字》尤为著名，标志着他经历十年长安困苦生活后对朝廷政治、社会现实的认识达到了新的高度。唐玄宗在751年正月接连举行了三个盛典，杜甫借此机会写成了三篇《大礼赋》，但杜甫还是未得重用。唐肃宗乾元元年六月至乾元二年秋，任华州司功参军。

到华州后，杜甫心情十分苦闷和烦恼。他常常独自出游西溪畔的郑县亭子，以排解忧闷。他在《题郑县亭子》、《早秋苦热堆案相仍》、《独立》和《瘦马行》等诗中，抒发了对仕途失意、世态炎凉、奸佞进谗的感叹和愤懑。

安史之乱爆发，潼关失守，杜甫把家安置在鄜州，独自去投唐肃宗，中途为安史叛军俘获，押到长安。他面对混乱的长安，听到官军一再败退的消息，写成《月夜》、《春望》、《哀江头》等诗。后来他潜逃到凤翔，做了唐肃宗一朝的左拾遗，由于他忠言直谏，上书为宰相房琯被贬华州司功参军一事进行申辩，为房琯无罪辩护，唐肃宗大怒，要问罪于杜甫。

随着九节度官军在相州大败和关辅饥荒，杜甫弃官，携家人随百姓逃难，经秦州、同谷等地到了成都，过了一段比较安定的生活。严武入朝，蜀中军阀作乱，他漂流到梓州、阆州。后严武为剑南节度使驻扎成都，杜甫投靠严武，严武死了，他再度漂泊，在夔州住两年，又漂流到湖北、湖南一带，病死在湘江上。这时期，他的作品有《春夜喜雨》、《茅屋为秋风所破歌》、《蜀相》、《闻官军收河南河北》、《登高》、《登岳阳楼》等大量名作。其中最为著名的诗句为："安得广厦千万间，大庇天下寒士俱欢颜。" 而《登高》中的"无边落木萧萧下，不尽长江滚滚来"更是千古绝唱。

杜甫是我国唐代伟大的现实主义诗人、世界文化名人。经历了唐代的由盛到衰的过程，因此，与诗仙李白相比，杜甫更多的是对国家的忧虑及对老百姓的困难生活的同情。杜甫曾任左拾遗、检校工部员外郎，因此后世称其杜工部。

他的思想核心是儒家思想。他有安邦定国的宏伟抱负。他热爱生活，心系百姓，热爱祖国的大好河山。他嫉恶如仇，对朝廷的腐败、社会生活中的黑暗现象都给予批评和揭露，因而被誉为“诗史”。杜甫忧国忧民，人格高尚，诗艺精湛。杜甫一生写诗一千五百多首，其中很多是传颂千古的名篇，比如“三吏”和“三别”，并有《杜工部集》传世。杜甫的诗篇流传数量是唐诗里最多最广泛的，是唐代最杰出的诗人之一，对后世影响深远。

清初文学评论家金圣叹把杜甫所作之诗，与屈原的《离骚》、庄周的《庄子》、司马迁的 《史记》、施耐庵的《水浒传》、王实甫的《西厢记》，合称“六才子书”。在当代，杜甫对国家的忠心和对人民的关切被重新诠释为民族主义和社会主义的含义，而他本人因为使用“人民的语言”而受到现代研究者的赞赏。

杜甫对后人的影响还有道德方面的。杜甫不只在中国流名，还扬名海外。20世纪，美国现代诗人雷克斯罗斯认为杜甫所关心的是人跟人之间的爱，人跟人之间的宽容和同情：“我的诗歌毫无疑问地主要受到杜甫的影响。我认为他是有史以来在史诗和戏剧以外的领域里最伟大的诗人，在某些方面他甚至超过了莎士比亚和荷马，至少他更加自然和亲切。”

【专家品析】

杜甫的诗词以古体、律诗见长，风格多样，以“沉郁顿挫”四字准确概括出他自己的作品风格，而以沉郁为主。其诗多涉笔社会动荡、政治黑暗、人民疾苦，他的诗反映当时社会矛盾和人民疾苦，因而被誉为“诗史”。杜甫忧国忧民，人格高尚，诗艺精湛。其中“三吏”为《石壕吏》、《新安吏》和《潼关吏》，“三别”为《新婚别》、《无家别》和

《垂老别》。杜甫的诗篇流传数量是唐诗里最多最广泛的，是唐代最杰出的诗人之一，对后世影响深远。

【代表作品】

名句摘录

1. 读书破万卷，下笔如有神。

2. 朱门酒肉臭，路有冻死骨。

3. 感时花溅泪，恨别鸟惊心。烽火连三月，家书抵万金。

4. 无边落木萧萧下，不尽长江滚滚来。

5. 安得广厦千万间，大庇天下寒士俱欢颜，风雨不动安如山。呜呼！何时眼前突兀见此屋，吾庐独破受冻死亦足！

17 八家之首，百代文宗（韩愈·唐）

【生平简介】

姓名：韩愈。

字：退之。

出生地：河内河阳（今河南孟县）。

生卒年：公元768—824年。

身份：诗人。

主要成就：散文内容丰富，形式多样，语言鲜明简练，新颖生动，为古文运动树立了典范。

【名家推介】

韩愈（公元768—824），字退之，汉族，唐河内河阳（今河南孟县）人。自号郡望昌黎，世称韩昌黎。

他是唐代古文运动的倡导者，与柳宗元、欧阳修、王安石、苏轼、苏辙、苏洵（合称为三苏）、曾巩合称为“唐宋八大家”，唐宋八大家之首，与柳宗元并称“韩柳”，有“文章巨公”和“百代文宗”之名，著有《韩昌黎集》四十卷、《外集》十卷、《师说》等。

【名家故事】

唐贞元二年韩愈19岁，怀着经世之志进京参加进士考试，一连三次均失败，直至贞元八年第四次进士考试才考取。按照唐律，考取进士以后还必须参加吏部博学宏辞科考试，韩愈又三次参加吏选，但都失败；三次给宰相上书，没有得到一次回复；三次登权者之门，均被拒之门外。

贞元十二年七月，韩愈29岁，受董晋推荐，出任宣武军节度使观察推官，这是韩愈从政开始。韩愈在任观察推官三年中，边指导李翱、张籍等青年学文，边利用一切机会，极力宣传自己对散文革新的主张。

贞元十六年冬，韩愈第四次参加吏部考试，第二年通过甄选。这时期写的《答李翊书》，阐述自己把古文运动和儒学复古运动紧密结合在一起的主张，这是韩愈发起开展古文运动的代表作。这年秋末，韩愈时年34岁，被任命为国子监四门博士，这是韩愈步入京师政府机构任职的开端，任职四门博士期间，积极推荐文学青年，敢为人师，广授门徒，人称“韩门第子”。

贞元十九年写了名作《师说》，系统提出师道的理论。同年冬天，韩愈晋升为监察御史，在任不过两个月，为了体恤民情，忠于职守，上书《论天旱人饥状》，因遭权臣谗害，贬官连州阳山令。韩愈任职阳山令三年，深入民间，参加山民耕作和鱼猎活动，在阳山令任上，一大批青年慕名投奔韩愈门下，他与青年学子吟诗论道，诗文著作颇丰，著作见于《昌黎文集》有古诗二十余首，古文数篇。后来构思并开始著述的《原道》等篇章，构成韩学重要论著“五原”学说，这是唐宋时期新儒学的先声，其理论建树影响巨大。

元和八年，韩愈晋升为比部郎中史馆修选，完成《顺宗实录》著名史书编写。元和十年，晋升为中书舍人。元和十二年，协助宰相裴度，以行军司马身份，平定淮西叛乱，因军功晋授刑部侍郎。

元和十四年，宪宗皇帝派遣使者去凤翔迎佛骨，京城一时间掀起信佛狂潮，韩愈不顾个人安危，毅然上《论佛骨表》，痛斥佛之不可信，要求将佛骨投入水火，永绝后患。宪宗得表，龙颜震怒，要处以极刑。幸好宰相裴度及朝中大臣极力说情，免得一死，贬为潮州刺史。韩愈任潮州刺史八个月，概括说来：驱鳄鱼、为民除害；请教师，办乡校；计庸抵债，释放奴隶；率领百姓，兴修水利，排涝灌溉。

元和十五年九月，韩愈被调任国子监祭酒。长庆元年七月，韩愈转任兵部侍郎。长庆二年他单身匹马，冒着风险赴镇州宣慰乱军，史称“勇夺三军帅”，不费一兵一卒，化干戈为玉帛，平息镇州之乱。九月转任吏部侍郎。长庆三年六月，韩愈晋升为京兆尹兼御史大夫。京兆之地在韩愈整治下，社会安定，盗贼断绝，米价平稳。后相继调任兵部侍郎、吏部侍郎。长庆四年，韩愈因病告假，十二月二日，因病卒于长安，终年57岁。

韩愈墓位于河南省焦作孟州市孟县城西六公里韩庄村北半岭坡上。此地北望太行，南临黄河，是一片丘陵地带。墓冢高大，有砖石围墙，翠柏蓊郁，芳草芨芨，枣树成林。墓前有韩愈祠，韩愈雕像坐于祠中，始建于唐敬宗宝历元年，祠内共有石碑十三通，记载有韩愈生平事迹等。墓前院内有古柏两株，相传为唐代栽植，有清乾隆年间孟县知县仇汝瑚碑记“唐柏双奇”。左株高五丈，围一丈二；右株高四丈，围一丈一。1986年11月，成为河南省文物保护单位。

【专家品析】

韩愈为唐宋八大家之首。杜牧把韩文与杜诗并列，称为“杜诗韩笔”；苏轼称他“文起八代之衰”。韩柳倡导的古文运动，开辟了唐以来古文的发展道路。韩诗力求新奇，重气势，有独创之功。韩愈以文为诗，把新的古文语言、章法、技巧引入诗坛，增强了诗的表达功能，扩大了诗的领域，纠正了大历以来的平庸诗风。

韩愈反映人民疾苦的诗篇，在数量上虽然不及杜甫和白居易，但他的诗歌既有深切同情人民苦难、揭露统治集团罪恶的篇章，也有不少是反对藩镇割据、维护国家统一的佳作，更有猛烈抨击佛、道二教危害之作，还有指斥当权者压抑人才，抒发怀才不遇的作品。这些都从不同方面较为深刻地反映了中唐时期社会的重大生活，有强烈的战斗性，应该说也是现实主义的优秀作品。

【代表作品】

《昌黎文集》是韩愈的散文合集，其风格雄健奔放，曲折自如。其作品大致可分为以下几类：

论说文，可分为两类，一是宣扬道统和儒家思想；另一类重在反映现实，而且不少文章有一种反流俗、反传统的力量，并在行文中夹杂着强烈的感情倾向。

杂文，与论说文相比，最可瞩目的是那些嘲讽现实、议论犀利的精悍短文。

序文，大都言简意赅，别出心裁，表现对现实社会的各种感慨。

传记、抒情散文，韩愈的传记文继承《史记》传统，叙事中刻画人物，议论、抒情妥帖巧妙。

18 脍炙人口，诉民疾苦（白居易·唐）

【生平简介】

姓名：白居易。

别名：白乐天、香山居士。

出生地：河南新郑市（今郑州新郑）。

生卒年：公元772—846年。

身份：诗人。

主要成就：在文学上积极倡导新乐府运动、写下了不少反映人民疾苦的诗篇。

【名家推介】

白居易（公元772—846），汉族，字乐天，晚年又号香山居士，河南新郑（今郑州新郑）人，我国唐代伟大的现实主义诗人，中国文学史上负有盛名且影响深远的诗人和文学家。

他的诗歌题材广泛，形式多样，语言平易通俗，有“诗魔”和“诗王”之称。官至翰林学士、左赞善大夫。有《白氏长庆集》传世，代表诗作有《长恨歌》、《卖炭翁》、《琵琶行》等。

【名家故事】

白居易贞元十六年中进士，十九年春，授秘书省校书郎。元和元年，被罢校书郎，撰《策林》七十五篇，作《观刈麦》、《长恨歌》、《池上》等诗篇。元和二年回朝任职，十一月授翰林学士，次年任左拾遗。四年，与元稹、李绅等倡导新乐府运动。五年，改京兆府户曹参军。他此时仍充任翰林学士，草拟诏书，参与国政。他能不畏权贵近臣，直言上书论事。元和六年，他因母丧守丧，期满后再次应诏回京任职。

白居易44岁被贬江州司马为界，可分为前后两期。前期是兼济天下时期，后期是独善其身时期。元和十年六月，白居易44岁时，宰相武元衡和御史中丞裴度遭人暗杀，武元衡当场身死，裴度受了重伤。对如此大事，当时掌权的宦官集团和旧官僚集团居然保持镇静，不急于处理。白居易十分气愤，便上书力主严缉凶手，以肃法纪。可是那些掌权者非但不褒奖他热心国事，反而说他是东宫官，抢在谏官之前议论朝政是一种僭越行为，于是被贬谪为江州刺史。

贬官江州给白居易以沉重打击，早年的佛道思想滋长。三年后由于好友崔群的帮助他升任忠州刺史。元和十五年，唐宪宗暴死在长安，唐穆宗继位，穆宗爱他的才华，把他召回了长安，先后做司门员外郎、主客郎中知制诰、中书舍人等。但当时朝中很乱，大臣间争权夺利，明争暗斗；穆宗政治荒怠，不听劝谏。于是他极力请求外放，穆宗长庆二年出任杭州刺史，杭州任满后任苏州刺史，晚年以太子宾客分司东都。此时的白居易比起前期来，他消极多了，但他毕竟是一个曾经有所作为的、积极为民请命的诗人，此时的一些诗，仍然流露了他忧国忧民之心。他仍然勤于政事，作了不少好事，如他曾经疏浚李泌所凿的六井，解决人民的饮水问题；他在西湖上筑了一道长堤，蓄水灌田，并写了一篇通俗易懂的《钱塘湖石记》，刻在石上，告诉人们如何蓄水泄水，这就是有名的“白堤”。

白居易和李白、杜甫一样也嗜酒成性。他喝酒时，有时是独酌，如在苏州当刺史时，因公务繁忙，用酒来排遣，他是以一天酒醉来解除九天辛劳的。他说：“不要轻视一天的酒醉，这是为消除九天的疲劳。如果没有九天的疲劳，怎么能治好州里的百姓？如果没有一天的酒醉，怎么能娱乐自己的身心？”他是用酒来和劳动进行结合的。白居易造酒的历史不但有记载，而且直到今天，还有“白居易造酒除夕赏乡邻”的故事在渭北一代流传。

白居易是中唐时期的大诗人，他的诗歌主张和诗歌创作，以其对通俗性、写实性的突出强调和全力表现，在中国诗史上占有重要的地位。在白居易自己所分的讽喻、闲适、感伤、杂律四类诗中，前二类体现着他兼济天下、独善其身之道，所以最受重视。而他的诗歌主张，也主要是就早期的讽谕诗的创作而发的。他的诗歌强调了语言质朴通俗；议论直白显露；写事绝假纯真；形式流利畅达，具有歌谣色彩。也就是说，诗歌必须既写得真实可信，又浅显易懂，才算达到了极致。

《琵琶行》与《长恨歌》是白居易写得最成功的作品，其艺术表现上的突出特点是抒情因素的强化。与此前的叙事诗相比，这两篇作品虽也用叙述、描写来表现事件，但却把事件简到不能再简，只用一个中心事件和两三个主要人物来结构全篇，诸如颇具戏剧性的马嵬坡事变，作者寥寥数笔即将之带过，而在最便于抒情的人物心理描写和环境气氛渲染上，则泼墨如雨，务求尽情，即使《琵琶行》这种在乐声摹写和人物遭遇叙述上着墨较多的作品，也是用情把声和事紧紧联结在一起，声随情起，情随事迁，使诗的进程始终伴随着动人的情感力量。除此之外，这两篇作品的抒情性还表现在以精选的意象来营造恰当的氛围、烘托诗歌的意境上。如《长恨歌》中“行宫见月伤心色，夜雨闻铃肠断声”，《琵琶行》中“枫叶荻花秋瑟瑟”“别时茫茫江浸月”等类诗句，或将凄冷的月色、淅沥的夜雨、断肠的铃声组合成令人销魂的场景，或以瑟瑟作响的枫叶、荻花和茫茫江月构成哀凉孤寂的画面，其中透露的凄楚、感伤、怅惘的情感，诗中人物、事件统统染色，也使读者面对如此意境、氛围而心灵摇荡不能自已。

【专家品析】

白居易的思想，综合儒、佛、道三家。立身行事，以儒家“达则兼济天下，穷则独善其身”。其“兼济”之志，以儒家仁政为主。因此，诗歌创作不能离开现实，必须取材于现实生活中的各种事件，反映一个时代的社会政治状况。他继承了《诗经》以来的比兴传统，重视诗歌的现实内容和社会作用，强调诗歌揭露、批评政治弊端的功能，他在诗歌表现方法上提出一系列原则。

他的这种诗歌理论对于促使诗人正视现实，关心民生疾苦，是有进步意义的。对大历以来逐渐偏重形式的诗风，很有针砭作用。但过分强调诗歌创作服从于现实政治的需要，也势必束缚诗歌的艺术创造和风格的多样化。

【代表作品】

白居易的主要作品有：《长恨歌》、《琵琶行》、《卖炭翁》、《赋得古原草送别》、《钱塘湖春行》、《暮江吟》、《忆江南》、《大林寺桃花》、《同李十一醉忆元九》、《直中书省》、《长相思》、《题岳阳楼》、《观刈麦》、《宫词》、《问刘十九》、《买花》、《自河南经乱关内阻饥兄弟离散各在一处因望》等。

19 河东先生，文采出众（柳宗元·唐）

【生平简介】

姓名：柳宗元。
别名：柳柳州、柳河东。
出生地：长安（今陕西省西安市）。
生卒年：公元773—819年。
身份：文学家、哲学家、散文家和思想家。
主要成就：一生留诗文作品达六百余篇，与韩愈倡导古文运动，“唐宋八大家”之一。

【名家推介】

柳宗元（公元773—819），字子厚，山西运城人，世称“柳河东”、“河东先生”。 汉族，祖籍河东（今山西省运城、芮城一带）。

柳宗元是唐代文学家、哲学家、散文家和思想家，与韩愈共同倡导唐代古文运动，并称为“韩柳”，与刘禹锡并称“刘柳”，与王维、孟浩然、韦应物并称“王孟韦柳”，与唐代的韩愈、宋代的欧阳修、苏洵、苏轼、苏辙、王安石和曾巩并称为“唐宋八大家”。

【名家故事】

贞元九年春，20岁的柳宗元考中进士，同时中进士的还有他的好友刘禹锡。贞元十二年柳宗元任秘书省校书郎，算是步入官场。同年调为集贤殿书院正字，他得以博览群书开阔眼界，同时也开始接触朝臣官僚，了解官场情况，并关心、参与政治。到集贤殿书院的第一年，他便写了《国子司业阳城遗爱碑》，颂扬了在朝政大事上勇于坚持已见的谏议大夫阳城，第二年写了《辩侵伐论》，表明坚持统一、反对分裂的强烈愿望。

贞元十七年，柳宗元调为蓝田尉，两年后又调回长安任监察御史里行，时年31岁，与韩愈同官，官阶虽低，但职权并不下于御史，从此与官场上层人物交游更广泛，对政治的黑暗腐败有了更深入的了解，逐渐萌发了要求改革的愿望，成为王叔文革新派的重要人物。

王叔文、王伾的永贞革新，虽只有半年时间便宣告失败，但却是一次震动全国的进步运动，所实行的措施打击了当时专横跋扈的宦官和藩镇割据势力，利国利民，顺应了历史的发展。柳宗元与好友刘禹锡是这场革新的核心人物，被称为“二王刘柳”。年轻的柳宗元在政治舞台上同宦官、豪族、旧官僚进行了尖锐的斗争。

宪宗继位，柳宗元九月便被贬为邵州刺史，行未半路，又被加贬为永州司马。柳宗元被贬后，政敌们仍不肯放过他。造谣诽谤，人身攻击，把他丑化成“怪民”，而且几年后，也还骂声不绝。由此可见保守派恨他的程度。在永州，残酷的政治迫害，艰苦的生活环境，使柳宗元悲愤、忧郁、痛苦，加之几次无情的火灾，严重损害了他的健康，贬谪生涯所经受的种种迫害和磨难，并未能动摇柳宗元的政治理想。

永州一贬就是十年，这是柳宗元人生一大转折。永州十年，他广泛研究古往今来关于哲学、政治、历史、文学等方面的一些重大问题，撰文著书，《封建论》、《非〈国语〉》、《天对》、《六逆论》等著名作品，大多是在永州完成的。

唐元和十四年柳宗元在柳州病逝。柳宗元虽然活了不到50岁，却在文学上创造了光辉的业绩，在诗歌、辞赋、散文、游记、寓言、小说、杂文以及文学理论诸方面，都做出了突出的贡献。柳宗元一生留下六百多篇诗文作品，其诗多抒写抑郁悲愤、思乡怀友之情，幽峭峻郁，自成一路。最为世人称道的是那些清深意远、疏淡峻洁的山水闲适之作。

柳宗元的诗，有一百四十余首，在大家辈出、百花争艳的唐代诗坛上，是存诗较少的一个，但却多有传世之作。他在自己独特的生活经历和思想感受的基础上，借鉴前人的艺术经验，发挥自己的创作才华，创造出一种独特的艺术风格，成为代表当时一个流派的杰出诗才。

柳宗元的散文，与韩愈齐名，堪称我国历史上最杰出的散文家。唐中叶，柳宗元和韩愈在文坛上发起和领导了一场古文运动。他们提出了一系列思想理论和文学主张。在文章内容上，针对骈文不重内容、空洞无物的弊病，提出“文道合一”、“以文明道”，要求文章反映现实，“不平则鸣”，富于革除时弊的批判精神。文章形式上，提出要革新文体，突破骈文束缚，句式长短不拘，并要求革新语言。此外，还指出先“立行”再“立言”，这是一种进步的文学主张。韩柳二人在创作实践中身体力行，创作了许多内容丰富、技巧纯熟、语言精练生动的优秀散文，韩柳的古文运动对后世产生了深远的影响。

柳宗元的寓言继承并发展了《庄子》、《韩非子》、《吕氏春秋》、

《列子》、《战国策》传统，多用来讽刺、抨击当时社会的丑恶现象。推陈出新，造意奇特，善用各种动物拟人化的艺术形象寄寓哲理或表达政见。代表作有《三戒》（《临江之麋》、《黔之驴》、《永某氏之鼠》）、《传》、《罴说》、《捕蛇者说》等篇，嬉笑怒骂，因物肖形，表现了高度的幽默讽刺艺术。

柳宗元的游记最为脍炙人口，作品既有借美好景物寄寓自己的遭遇和怨愤；也有幽静心境的描写，表现在极度苦闷中转而追求精神的寄托。至于直接刻画山水景色，或峭拔峻洁、或清邃奇丽，以精巧的语言再现自然美。

【专家品析】

柳宗元重视文章的内容，主张文以明道，认为“道”应于国于民有利，切实可行。他注重文学的社会功能，强调文须有益于世。他提倡思想内容与艺术形式的完美结合，指出写作必须持认真严肃的态度，强调作家道德修养的重要性。他推崇先秦两汉文章，提出要向儒家经典及《庄子》、《老子》、《离骚》、《史记》等学习借鉴，博长弃短，但又不能厚古薄今。在诗歌理论方面，他继承了刘勰标举“比兴”和陈子昂提倡“兴寄”的传统。与白居易关于讽喻诗的主张一致。他的诗文理论，代表着当时文学运动的进步倾向。

柳宗元是卓越的散文家，他和韩愈是古文运动的两位主要倡导者。他的山水游记、寓言小品以及其他古体文章都很有名。在诗歌方面，也卓然成家。他的诗今存一百六十四首，大都抒写贬谪生活感受和对山水景物的欣赏，时时流露出愤懑不平的情绪。他的古诗大都描写自然山水，运思精密，着力于字句的选择和锤炼，创造出峻洁、澄澈的境界。

【代表作品】

柳宗元代表作品：《永州八记》、《柳河东集》、《柳宗元集》。 他一生留诗文作品达六百余篇，其文的成就大于诗。其诗多抒写抑郁悲愤、思乡怀友之情，幽峭峻郁，自成一路。最为世人称道者，是那些清深意远、疏淡峻洁的山水闲适之作。骈文有近百篇，散文论说性强，笔锋犀利，讽刺辛辣。游记写景状物，多所寄托。哲学著作有《天说》、《天对》、《封建论》等。

20 樊川文集，阿房宫赋（杜牧·唐）

【生平简介】

姓名：杜牧。
别名：杜牧之。
出生地：京兆万年（今陕西西安）。
生卒年：公元803—852年。
身份：文学家、诗人。
主要成就：主要集中在诗歌方面，其中以七绝、七律最为成功.特别是七绝，咏史抒怀，寄托遥深。

【名家推介】

杜牧（公元803—852），字牧之，号樊川居士，汉族，京兆万年（今陕西西安）人，唐代诗人。杜牧人称“小杜”，以别于杜甫。与李商隐并称“小李杜”。

他晚年居长安南樊川别墅，故后世称“杜樊川”，著有《樊川文集》。晚唐杰出诗人，尤以七言绝句著称。擅长文赋，其《阿房宫赋》为后世传诵。

【名家故事】

晚唐时期，崔郾侍郎奉命到东都洛阳主持进士科考试，百官公卿都到城门外摆好酒席饯行，此时吴武陵正任太学博士，也骑着一头老毛驴过来凑热闹。崔郾正在酒席上喝得高兴，听说吴老这位有名的清流人士也过来了，非常吃惊，连忙离席前来迎接。吴老看见崔郾，把他拉到一边，拍着崔郾的肩膀说："你担负此任，乃是众望所归。我老了，不能为朝廷排忧解难了，不如为你推荐一个贤士。前些日子，我偶然发现一些太学生情绪激昂地讨论一篇文章，走近一看，原来是这次要参加考试的杜牧所写的《阿房宫赋》。这篇文章写得真好，这个人也太有才了。崔侍郎你工作繁重，日理万机，恐怕没有闲暇去浏览这篇文章，不如让我为你诵读一下。"说到这里，吴老就字正腔圆地、摇头晃脑地将《阿房宫赋》读了起来，崔郾也是一个有品位的知识分子，听后也称赞不已。吴武陵乘热打铁，要求崔郾在接下来的考试中将杜牧评为状元。崔郾面露难色推辞道："状元已经被他人预定了。"吴老穷追不舍，大声说道："如果他真得不了状元，就退一步，让他以第五名进士及第。"崔郾还在踌躇犹豫，吴老倚老卖老地说："如果还不行的话，就把这篇赋还给我，看有没有比这写得更好的赋。"崔郾迫不得已，只好满口答应，然后目送吴老离开。

回到酒席上，喝酒的同僚问吴博士来做什么。崔郾回答说："吴老推荐了一个人为第五名进士。"酒客连忙追问是谁，崔侍郎回答说是"杜牧"。旁边立刻有人接茬说："听说过杜牧这人，才气是大大的有，只是品行不太好，不拘小节，喜欢烟花风月，好出入娱乐场所。"崔侍郎为难地说："我已经答应吴博士了，即使杜牧是个屠夫或卖酒的小贩子，我也不会改变了。"

由吴老这样的清流赏识推荐而进士及第，杜牧认为这是一种极大的荣耀。皇榜公布后，他曾赋诗一首来表达自己的喜悦，放榜的时候，洛阳的花儿还未绽开。三十三名中举的进士骑着高头大马得意洋洋地行走在街上，他们要去参加各种庆祝活动，出席各种酒会宴席，喝着秦地的美酒，心情舒畅，满面春风，好像春色也被他们带进了长安。大和二年十月，杜牧进士及第后八个月，他就奔赴当时的洪州，即王勃写《滕王阁序》那个地方，开始了他长达十多年的幕府生涯。

到洪州后被授任弘文馆校书郎、试左武卫兵曹参军。冬季，成为江西观察使沈传师的幕僚，后随沈传师赴任宣歙观察使，作为幕僚。大和九年，杜牧升为监察御史，分管东都。武宗会昌二年，出任黄州刺史，后任池州、睦州刺史。他一生为政能兴利除弊，关心百姓。宣宗大中二年，被升任司勋员外郎、史馆修撰，后转任吏部员外郎。大中四年，出任湖州刺史。次年，被召入京城为考功郎中。第三年，升迁为中书舍人，这年年底卒于长安，终年50岁。

杜牧确实有才华，而且政治才华出众。他专门研究过孙子，写过十三篇《孙子》注解，也写过许多策论咨文。特别是有一次献计平虏，被宰相李德裕采用，大获成功。可惜杜牧有相才，而无相器，又生不逢时在江河日下的晚唐，盛唐气息已一去不返，皇帝昏庸、边关战事不断，宦官专权，一系列的内忧外患如蚁穴溃堤，大唐之舟外渗内漏。杜牧死后不过数年，农民起义便风起云涌，又过了五十年，江山易帜。杜牧的才能，湮没于茫茫人海之中。杜牧虽然熟读史书，看透时局，但无法力挽狂澜。

杜牧最为脍炙人口的诗作，是咏史与七绝。杜牧的咏史，充满着幽默与调侃，饱含借古鉴今之意。游经赤壁，他说，假如周瑜借不到东风，则将是“铜雀春深锁二乔”，一反常人思维，给人以全新的视角。过华清宫，想起当年杨贵妃喜啖荔枝的情景，杜牧感叹“一骑红尘妃子笑，无人知是荔枝来”，小中见大，虽未出现唐明皇半个字，却点出当年安史之乱的个中原委。夜泊秦淮，歌舞升平，可是，杜牧听出来了，分明是亡国之音，若照这样下去，大唐亡国也指日可待了。杜牧咏史是表，讽今才是根本。

杜牧临死之时，心知大限将至，自撰墓志铭，但这篇短文写得却是平实无奇，丝毫不显文豪手笔。杜牧一生，俊朗豪健，而他在强作笑颜、把酒尽兴的背后，却有不想被世人知晓的悲凉。

【专家品析】

杜牧的文学创作有多方面的成就，诗、赋、古文都堪称名家。他主张凡为文以意为主，以气为辅，以辞采章句为之兵卫，对作品内容与形式的关系有比较正确的理解，并能吸收融化前人的长处，以形成自己特殊的风貌。在诗歌创作上，杜牧与晚唐另一位杰出的诗人李商隐齐名，并称“小李杜”。

杜牧诗词博彩清丽、画面鲜明、格调悠扬，可以看出他才气的俊爽与思致的活泼，流露出对时事的忧伤，但他的诗中也有一些思想感情很不健康的作品，有的诗带有浓厚的个人潦倒失意的感伤情调，缺乏理想的光彩。

【代表作品】

杜牧的代表作《阿房宫赋》充分体现了唐代文赋的特点，即描写和议论紧密结合。前面极力铺叙渲染宫殿歌舞之盛，宫女珍宝之多，人民痛苦之深，既夸张，又富于想象，且比喻奇巧新颖。后面发议论，回环往复，层层推进，见解精辟，发人深省。语言上骈散兼行，错落有致，词采瑰丽，声调和谐，一扫汉赋那种平板单调的弊病，成为古代赋体中不可多得的佳作。

杜牧

21 缠绵悱恻，后人传诵（李商隐·唐）

【生平简介】

姓名：李商隐。

别名：玉溪生、樊南生。

出生地：荥阳（今河南郑州）。

生卒年：约公元812或813—约858年。

身份：诗人。

主要成就：李商隐开创了诗歌上新的风格、新的流派，在艺术技巧上他对我国的古典诗歌更有所发展和丰富。

【名家推介】

李商隐（约公元812或813—约858），汉族，字义山，故又称李义山，号玉溪生、樊南生，祖籍怀州河内（今河南沁阳），生于河南荥阳（今郑州荥阳）。

晚唐著名诗人，擅长骈文写作，诗作文学价值也很高，他和杜牧合称“小李杜”，与温庭筠合称为“温李”，因诗文与同时期的段成式、温庭筠风格相近，且三人都在家族里排行第十六，故并称为“三十六体”。其诗构思新奇，风格浓丽，尤其是一些爱情诗写得缠绵悱恻，为后人所传诵。

【名家故事】

李商隐考中进士的当年年末，老师令狐楚病逝。在参与料理令狐楚的丧事后不久，李商隐应泾原节度使王茂元的聘请，去泾州作了王茂元的幕僚。王茂元对李商隐的才华非常欣赏，将女儿嫁给了他。从李商隐后来的经历中可以看出，这桩婚姻将他拖入了牛李党争的政治旋涡中。

王茂元与李德裕交好，被视为“李党”的成员；而令狐楚父子属于“牛党”，因此，他的行为就被很轻易地被解读为对刚刚去世的老师和恩主的背叛，李商隐很快就为此付出了代价。在唐代，取得进士资格一般并不会立即授予官职，还需要再通过由吏部举办的考试。开成三年春天，李商隐参加授官考试，结果在复审中被除名，这件事对李商隐最直接的影响是使得他获得朝廷正式官职的时间推迟了一年。不过，他并没有后悔娶了王茂元的女儿王晏媄，他们婚后的感情很好，在李商隐的眼中，王氏是一位秀丽温和体贴的妻子。

开成四年，李商隐再次参加授官考试，顺利通过，得到了秘书省校书郎的职位。这是一个低级的官职，但有一定的发展机会。没过多久，被调任弘农县尉，虽然县尉与校书郎的品级差不多，但远离权力的中心，显然会使以后发展受到影响。李商隐在弘农任职期间很不顺利，他因为替死囚减刑而受到上司观察使孙简的责难，孙简以某种不留情面的态度对待李商隐，使他感到非常屈辱，难以忍受，最终以请长假的方式辞职。凑巧的是，在此前后孙简正好被调走，接任的姚合设法缓和了紧张的局面，在他的劝慰下，李商隐勉强留了下来，但他此刻显然已经没有心情继续工作，不久，就再次辞职并得到获准。

辞去了弘农县尉，李商隐经过一段时间的调整，于武宗会昌二年设法又回到秘书省任职，这次他的职位品阶比三年前还低，即便如此，李商隐毕竟又有了一个新的发展起点。在唐代，大家普遍认为在京城里的任职会比外派的官员有更多的机会升迁，而李商隐所在的秘书省，又比较容易受到高层的关注。对李商隐而言，另一个好消息是，宰相李德裕获得了武宗充分的信任，这位精干的政治家几乎被授予全权处理朝政，李商隐积极支持李德裕的政治主张，他踌躇满志，期待受到重用的机会。

然而，命运似乎与他开了一个大大的玩笑，李商隐重入秘书省不到一年，他的母亲去世。他必须遵循惯例，离职回家守孝三年，这意味着年届而立的李商隐不得不放弃跻身权力阶层的最好的机会，这次变故对李商隐政治生涯的打击是致命的。他闲居在家的三年是李德裕执政最辉煌的时期。错过了这个时期，随着不久之后武宗的去世，李德裕政治集团骤然失势，李商隐已经难以找到政治上的知音。会昌三年，李商隐的岳父王茂元在代表政府讨伐藩镇叛乱时病故，王茂元生前没有利用自己的影响力帮助李商隐的升迁，但他的去世无疑使李商隐的处境更加困难。

会昌五年十月，李商隐结束了守孝，重新回到秘书省。大中元年三月，李商隐告别家人，随郑亚出发，经过两个月左右的行程，来到距京城大约五千里以外的南方。郑亚的这次南迁，是牛党清洗计划的一部分，李商隐愿意主动跟从一位被贬斥的官员，表明他同情李德裕一党。另一方面，也显示对自己的升迁不再抱有信心了。在桂林不到一年，郑亚就再次被贬官为循州刺史，李商隐也随之失去了工作。大中二年秋，他回到京城长安。据说，他在潦倒之际，写信给故友令狐绹请求帮助，但遭到拒绝，结果只能通过自己考试得到一个县尉的小职位。

大中五年秋天，被任命为西川节度使的柳仲郢向李商隐发出了邀请，希望他能随自己去西南边境的四川任职。李商隐接受了参军的职位，他在简单地安排了家里的事情之后，于十一月入川赴职，他在四川的梓州幕府生活了四年，大部分时间都郁郁寡欢。他曾一度对佛教发生了很大的兴趣，与当地的僧人交往，并捐钱刊印佛经，甚至想过出家为僧。梓幕生活是李商隐宦游生涯中最平淡稳定的时期，他已经再也无心无力去追求仕途的成功了。

大中九年，柳仲郢被调回京城任职，出于照顾，他给李商隐安排了一个盐铁推官的职位，虽然品阶低，待遇却比较丰厚，李商隐在这个职位上工作了两到三年，罢职后回到故乡闲居。大中十三年秋冬，李商隐在家乡病故。

【专家品析】

李商隐生活的年代正是李唐王朝江河日下，社会动荡不安，政治腐败的晚唐前期。社会病态纷呈，矛盾重重。官宦扰乱朝纲，牛李党争。钩心斗角，人事纷纭，互相倾轧。李商隐终生关心民生疾苦，他一生不怕丢官，足以显示出他的热血心肠和铮铮气节。

至情至性的作品方能打动读者，只有具有赤子之心，热爱生活，关心现实与人生的作品，只有具有高尚品格的人，才可能创作出反映社会主流与本质的至情至性的作品，品格卑污低劣的人无论如何也写不出格调高尚感人肺腑的作品，从李商隐的诗文中，我们便可以读出他的人品来。

【代表作品】

李商隐有《樊南甲集》二十卷，《樊南乙集》二十卷，《玉溪生诗》三卷，《赋》一卷，《文》一卷，部分作品已佚。现存诗五百九十四首，《集》外诗十六首，《全唐诗补编》录入四首，共存诗六百一十四首。

22 白衣相卿，奉旨填词（柳永·北宋）

【生平简介】

姓名：柳永。
字：耆卿。
出生地：崇安（今福建武夷山）。
生卒年：约公元987—约1053年。
身份：词人。
主要成就：发展了慢词创作，为宋词在表现功能、艺术风格和思想内容多方面的拓展奠定了基础。

【名家推介】

柳永（约公元987—约1053），字耆卿，原名三变，字景庄，后改名永，排行第七，又称柳七，汉族，崇安（今福建武夷山）人。

北宋词人，婉约派最具代表性的人物之一，代表作《雨霖铃》。宋仁宗朝进士，官至屯田员外郎，故世称柳屯田。他自称“奉旨填词柳三变”，以毕生精力作词，并以“白衣卿相”自许。

【名家故事】

柳家世代做官，柳永少年时在家乡勤学苦读，希望能传承家业，官至公卿。学成之后，他就到汴京应试，准备大展鸿图，在政治上一试身手。不料，一到光怪陆离的京城，骨子里浪漫风流的年轻才子柳永，就被青楼歌馆里的歌妓吸引，把政治理想完全抛在了脑后，一天到晚在风月场里潇洒，与青楼歌妓打得火热，而且还把他的风流生活写进词里。

当然，他也没有忘记此行考进士的目标，只是他自负风流才高，没把考试当回事，以为考中进士、做个状元是唾手可得的事。他曾经向人夸口说：“即使是皇帝亲自考试，也能高中进士。”不料事与愿违，放榜时名落孙山。他沮丧愤激之余，写下了传诵一时的名作《鹤冲天》，宣称“忍把浮名，换了浅斟低唱”。你皇帝老儿不让我进士及第去做官，我不做官，又奈我何！在词坛上叱咤风云，难道不是一样的辉煌？

表面上看，柳永对功名利禄不无鄙视，很有点叛逆精神，其实这只是失望之后的牢骚话，骨子里还是忘不了功名，因此，他在科场初次失利后不久，就重整旗鼓，再战科场。

仁宗初年的再试，考试成绩本已过关，但由于《鹤冲天》词的原因，等到放榜时，仁宗以《鹤冲天》词为口实，说柳永政治上不合格，他就又一次落榜了。

再度的失败，柳永真的有些愤怒了，他干脆自称“奉旨填词柳三变”，从此无所顾忌地纵游妓馆酒楼之间，致力于民间诗词的艺术创作。

官场上的不幸，反倒成全了才子词人柳永，使他的艺术天赋在词的创作领域得到充分的发挥。当时教坊乐工和歌姬每得新腔新调，都请求柳永为之填词，然后才能传世，得到听众的认同。柳永创作的新声曲子词，有很多是跟教坊乐工、歌妓合作的结果。柳永为教坊乐工和歌妓填词，供她们在酒肆歌楼里演唱，常常会得到她们的经济资助，柳永也因此可以流连于坊曲，不至于有太多的衣食之虞。柳永凭借通俗文艺的创作而获得一定的经济收入，表明宋代文学的商品化开始萌芽，为后来职业地从事通俗文艺创作的人才开了先河。

然而在他的这段人生中，他并没有真正放下心中的功名之欲，他还是想要功名的，他还是希望走上一条通达于仕途的道路。于是他或是去漫游，或是辗转于求官的途中，漫长的道路，漫长的希望与寂寞中，柳永写下大量的词，这类作品向来是受历代学者称赞的。

出身儒宦家庭，却拥有着一身与之不兼容的浪漫气息和音乐才华的柳永，一生就在这二者之间奔波忙碌。他迷恋情场，却又念念不忘仕途。一部《乐章集》就是他周旋于二者间的不懈追求、失志之悲与儿女柔情的结合。他想做一个文人雅士，却永远摆脱不掉对俗世生活和情爱的眷恋和依赖；而醉里眠花柳的时候，他却又在时时挂念自己的功名。柳永是矛盾的，他的矛盾既源于他本人，又源于他所生活的时代。他是人生、仕途的失意者、落魄者，他无暇去关注人的永恒普遍的生命忧患，而是侧重于对自我命运、生存苦闷的深思、体验和对真正爱情的向往与追求，执著于对功名利禄、官能享受的渴望与追求，抒发自己怀才不遇、命途艰舛的痛苦，因此他只能做着拖着一条世俗尾巴的自封的“白衣卿相”。

后来柳永出言不逊，得罪朝官，仁宗罢了他屯田员外郎，从此，柳永出入名妓花楼，衣食都由名妓们供给，众妓都求他赐一词以抬高身价，他也乐得漫游名妓之家以填词为业，自称“奉旨填词柳三变”。柳永尽情放浪多年，身心俱伤，死在名妓赵香香家。他既无家室，也无财产，死后无人过问。谢玉英、陈师师一班名妓念他的才学和情痴，凑一笔钱为他安葬。谢玉英曾与他拟为夫妻，为他戴重孝，众妓都为他戴孝守丧。出殡之时，东京满城妓女都来了，半城缟素，一片哀声，这便是“群妓合金葬柳七”的佳话。

柳永乃婉约派四大旗帜之一，在四旗中号“情长”，有“豪苏腻柳”之称，柳词如江南二八少女，清新婉约，细腻独到。柳永是中国历史上众多诗人词人中唯一一位肯为妓女歌姬填词的人，后事无不倾倒于他的绝世文采与平等思想，他不仅在文学方面有很高的造诣，还在道德上创造了不朽的诗篇。

【专家品析】

柳永是北宋一大词家，在词史上有重要地位。他扩大了词境，佳作极多，许多篇章用凄切的曲调唱出了盛世中部分落魄文人的痛苦，真实感人。他还描绘了都市的繁华景象及四时景物风光，另有游仙、咏史、咏物等题材。

柳永发展了词体，留存二百多首词，所用词调竟有一百五十个之多，并大部分为前所未见的、以旧腔改造或自制的新调，十之七八为长调慢词，对词的解放与进步作出了巨大贡献。柳永还丰富了词的表现手法，他的词讲究章法结构，词风真率明朗，语言自然流畅，有鲜明的个性特色。他上承敦煌曲牌，下开金元曲牌。柳词又多用新腔、美腔，旖旎近情，富于音乐美。他的词不仅在当时流播极广，对后世影响也十分巨大。

【代表作品】

雨霖铃

寒蝉凄切，对长亭晚，骤雨初歇。都门帐饮无绪，留恋处，兰舟催发。执手相看泪眼，竟无语凝噎。念去去，千里烟波，暮霭沉沉楚天阔。

多情自古伤离别，更那堪、冷落清秋节！今宵酒醒何处？ 杨柳岸，晓风残月。此去经年，应是良辰好景虚设。便纵有千种风情，更与何人说！

㉓ 岳阳楼记，范文正公（范仲淹·北宋）

【生平简介】

姓名：范仲淹。

字：希文。

出生地：河北正定。

生卒年：公元989—1052年。

身份：政治家、文学家、军事家。

主要成就：他不仅是文学改革的积极倡导者，而且是积极的实践者，尤其是诗歌、散文和词的创作取得了较高的成就。

【名家推介】

范仲淹（公元989—1052），字希文，汉族，苏州吴县（今属江苏）人。北宋著名的政治家、思想家、军事家和文学家，祖籍邠州（今陕西省彬县），后迁居苏州吴县（今江苏省吴县）。

他一生为政清廉，体恤民情，刚直不阿，力主改革，屡遭奸佞诬谤，数度被贬。1052 年五月二十日病逝于徐州，终年64岁。是年十二月葬于河南洛阳东南万安山，谥文正，封楚国公、魏国公。有《范文正公集》传世，通行有《四部丛刊》影明本，附《年谱》及《言行拾遗事录》等。

【名家故事】

范仲淹的父亲范墉，端拱初年赴徐州任武宁军节度掌书记，宋太宗端拱二年八月二日，范仲淹生于徐州，第二年，父亲便病逝了。谢氏贫困无依，只好抱着襁褓中的仲淹，改嫁山东淄州长山县一户姓朱的人家。范仲淹从小读书就十分刻苦，朱家是长山的富户，但他为了励志，常去附近长白山上的醴泉寺寄宿读书，他的生活极其艰苦，每天只煮一锅稠粥，凉了以后划成四块，早晚各取两块，拌几根腌菜，吃完继续读书。这样过了差不多三年，长山乡的书籍已渐渐不能满足他的需要。一个偶然的事件，暴露了范仲淹家世的隐秘。他惊谔地发现，自己原是苏州范家之子，这些年来，一直靠继父的关照度日。这件事使范仲淹深受刺激和震动，愧愤交集之下，他决心脱离朱家，自树门户，待将来卓然立业，再接母归养。于是他匆匆收拾了几样简单的衣物，佩上琴剑，不顾朱家和母亲的阻拦，流着眼泪，毅然辞别母亲，离开长山，徒步求学去了。

真宗大中祥符四年，23岁的范仲淹来到睢阳应天府书院。应天府书院是宋代著名的四大书院之一，共有校舍一百五十间，藏书数千卷。到这样的学院读书，既有名师可以请教，又有许多同学互相切磋，还有大量的书籍可供阅览，况且学院免费就学，更是经济拮据的范仲淹求之不得的。

范仲淹的连岁苦读，从春至夏，经秋历冬，别人看花赏月，他只在六经中寻乐，偶然兴起，也吟诗抒怀。数年之后，范仲淹对儒家经典《诗经》、《尚书》、《易经》、《礼记》、《春秋》等书主旨已然堪称大通，吟诗作文，也慨然以天下为己任。

大中祥符八年，范仲淹得中进士。不久，他被任命为广德军的司理参军，接着，又调任为集庆军节度推官。他把母亲接来赡养，并正式恢复了范姓，改名仲淹，字希文，从此开始了近四十年的政治生涯。

范仲淹是北宋诗文革新的先驱，著名的文学家，他不仅是文学改革的积极倡导者，而且是积极的实践者。范仲淹的文学创作在诗、文、词、赋方面都颇有成就，尤其是诗歌、散文和词的创作取得了较高的成就。

范仲淹的文学革新主张有四个方面：其一，重视文学的社会功用，力倡诗文革新；其二，反对无病呻吟的文学创作，主张诗作反映真性情和时代特征；其三，反对浮靡柔媚之作，主张恢复古朴雅正诗风；其四，反对悲苦哀鸣之作，提倡优游畅达诗风。

范仲淹作为一代杰出的政治家，一个在“庆历新政”时期的中心人物，不仅他的改革精神影响了一代文人，而且也正是他的一系列文章，尤其是他的新政扶持，鼓励了北宋初的古文创作，酝酿和孕育了古文革新的高潮。范仲淹今存之文，有赋三十八篇、表状五十三篇、奏疏一百七十三篇、书一百五十篇、序十二篇、论八篇、记八篇、碑铭墓志五十二篇。其中，以奏疏等政论文为数最多。这些文章，论文真切，文笔流畅，长短不拘，文辞典范：其他创作，有记叙、有抒情，多数文辞简洁、舒卷自如，且富有个性特色。

范仲淹的《岳阳楼记》是历来为人们传诵的名篇。文章虽名为"记"，实际是一篇抒情散文。文章表露出他作为一个政治家"先天下之忧而忧，后天下之乐而乐"的襟怀，抒发描述了岳阳楼游览者的览物之情。范仲淹的文章驰骋想象虚实并举，概括了两种景色、两种情怀：一者"有去国怀乡，优谗畏讥，满目萧然，感极而悲"；二者则"有心旷神怡，宠辱皆忘，把酒临风，其喜洋洋"。由于古今迁客骚人登临览物，受景物阴晴变化的感染而一则以悲，一则以喜。范仲淹以高超笔力在文章末段再翻出正意："不以物喜，不以己悲"，并以博大胸怀，用"先忧后乐"统挽全局，立意深刻，结构新巧，文字精美。从范仲淹的《岳阳楼记》可见他在北宋散文史上的巨大影响和杰出地位，是不可低估的。

【专家品析】

范仲淹文学素养很高，写有著名的《岳阳楼记》，其中"先天下之忧而忧，后天下之乐而乐"为千古名句。也留下了众多脍炙人口的词作，如《渔家傲》、《苏幕遮》，苍凉豪放、感情强烈，为历代传诵。著作为《范文正公集》，范仲淹在散文、诗、词均有名篇传世。

范仲淹纪念馆坐落在景色秀丽的苏州天平山风景区内，对参观者尤其是青少年了解范仲淹、学习先贤的博大胸怀和崇高品德提供了极好的教材。

【代表作品】

《岳阳楼记》摘选

嗟夫！予尝求古仁人之心，或异二者之为，何哉？不以物喜，不以己悲。居庙堂之高则忧其民；处江湖之远则忧其君。是进亦忧，退亦忧。然则何时而乐耶？其必曰“先天下之忧而忧，后天下之乐而乐”乎。噫！微斯人，吾谁与归？

24 六一居士，醉翁亭记（欧阳修·北宋）

【生平简介】

姓名：欧阳修。

别名：醉翁、六一居士。

出生地：绵州（今四川绵阳）。

生卒年：公元1007—1073年。

身份：文学家、史学家。

主要成就：大力倡导诗文革新运动，改革了唐末到宋初的形式主义文风和诗风，取得了显著成绩，并参与纂写《新唐书》、《五代史》。

【名家推介】

欧阳修（公元1007—1073），字永叔，号醉翁，又号六一居士。汉族，吉安永丰（今属江西）人，自称庐陵（今永丰县沙溪人）人，谥号文忠，世称欧阳文忠公。

北宋时期政治家、文学家、史学家和诗人。与韩愈、柳宗元、王安石、苏洵、苏轼、苏辙、曾巩合称“唐宋八大家”。 参加修订《新唐书》

二百五十卷，又自撰《五代史记》，著名的作品《醉翁亭记》。

【名家故事】

宋仁宗天圣八年，欧阳修中进士。次年任西京留守推官，景祐元年，召试学士院，授任宣德郎，充任馆阁校勘。景祐三年，范仲淹上章批评时政，被贬饶州。欧阳修为他辩护，被贬为夷陵县令。康定元年，欧阳修被召回京，复任馆阁校勘，编修崇文总目，后任知谏院。庆历三年，升任右正言。范仲淹、韩琦、富弼等人推行“庆历新政”，欧阳修参与革新，提出改革吏治、军事、贡举法等主张。康定五年，范、韩、富等相继被贬，欧阳修上书分辩，也被贬为滁州太守，后来又被贬扬州、颍州、应天府等地。

皇祐元年欧阳修回朝，先后任翰林学士、史馆修撰等职。至和元年八月，与宋祁同修《新唐书》，又自修《五代史记》。嘉祐二年二月，欧阳修以翰林学士身份主持进士考试，提倡平实文风，录取苏轼、苏辙、曾巩等人，对北宋文风转变有很大影响。嘉祐三年六月，欧阳修以翰林学士身份兼龙图阁学士就任开封府。嘉祐五年，官拜枢密副使，次年任参知政事。后又相继任刑部尚书、兵部尚书等职。英宗治平二年，上表请求外任，没被获准。此后两三年间，因被蒋之奇等诬谤，多次辞职，都未允准。

神宗熙宁二年，王安石实行新法，欧阳修对青苗法有所批评，于是青苗法并未执行。熙宁三年，除就任检校太保宣徽南院使等职，坚持推辞不接受，改任蔡州，这年自己改号“六一居士”。第二年六月，以太子少师的身份辞职，定居颍州，熙宁五年欧阳修卒于家，谥文忠。

欧阳修在我国文学史上有着重要的地位，他继承了韩愈古文运动的精神，作为宋代诗文革新运动的领袖人物，他的文论和创作实绩，对当时以及后代都有很大影响。

宋初，在暂时承平的社会环境里，贵族文人集团提倡的西昆体诗赋充斥文坛，浮华一时，并无社会意义，却曾风靡一时。为了矫正西昆体的流行弊端，欧阳修大力提倡古文运动。他自幼爱读韩愈文集，他在文学观点上师承韩愈，主张明道致用。他取韩愈“文从字顺”的精神，大力提倡简而有法和流畅自然的文风，反对浮靡雕琢和怪僻晦涩的文字。他不仅能够从实际出发，提出平实的散文理论，而且自己又以造诣很高的创作实绩，起了示范作用。

他主管考试进士时，鼓励考生写作质朴顺畅的古文，凡内容空洞，华而不实，或以奇诡取胜之作，都在不入取之列。与此同时，他又提拔、培养了王安石、曾巩、苏轼、苏辙等一代新人，为此，他倡导的诗文革新运动就取得了决定性的胜利。

欧阳修是北宋文坛的领袖、宋代散文的奠基人。在文学创作上的成就，以散文为最高。欧阳修一生写了五百余篇散文，各体兼备，有政论文、史论文、记事文、抒情文和笔记文等。他的散文大都内容充实，气势旺盛，深入浅出，精炼流畅，叙事说理，娓娓动听，抒情写景，引人入胜，寓奇于平，一改文坛面目。他的许多政论作品，恪守自己“明道”、“致用”的主张，紧密联系当时政治斗争，点切时弊，思想尖锐，语言明快，表现了一种匡时救世的政治抱负。他还写了不少抒情、叙事散文，也大都情景交融，摇曳多姿。《醉翁亭记》等多部作品，徐徐写来，委婉曲折，言辞优美，风格清新。总之，不论是讽世刺政，还是悼亡忆旧，乃至登临游览之作，无不充分体现出他那种从容宽厚、真率自然的艺术个性。

欧阳修在诗歌创作方面也卓有成就，在内容上，他的诗有一部分反映人民的疾苦，揭露社会的黑暗，他还在诗中议论时事，抨击腐败政治。此外，欧阳修还打破了赋体严格的格律形式，写了一些文赋，他的著名的《秋声赋》运用各种比喻，把无形的秋声描摹得非常生动形象，使人仿佛可闻。这篇赋变唐代以来的“律体”为“散体”，对于赋的发展具有开拓意义，可与苏轼的《赤壁赋》媲美，千载传诵。

欧阳修一生著述繁富，成绩斐然。除文学外，经学研究《诗》、

《易》、《春秋》，能不拘守前人之说，有独到见解；金石学的开辟之功，编辑和整理了周代至隋唐的金石器物、铭文碑刻上千，并撰写成《集古录跋尾》十卷四百多篇，简称《集古录》，是今存最早的金石学著作；史学成就尤其宏伟，除了参加修定《新唐书》二百五十卷外，又自撰《五代史记》(《新五代史》)，总结五代的历史经验，意在后世引为鉴戒。

【专家品析】

欧阳修在我国文学史上有着重要的地位，他继承了韩愈古文运动的精神，作为宋代诗文革新运动的领袖人物，他的文论和创作实绩，对当时以及后世都有很大影响。

欧阳修在中国文学史上有重要的地位。他大力倡导诗文革新运动，改革了唐末到宋初的形式主义文风和诗风，取得了显著成绩。由于他在政治上的地位和散文创作上的巨大成就，使他在宋代的地位有似于唐代的韩愈，他推荐提拔和指导了王安石、曾巩、苏洵、苏轼、苏辙等散文家，对他们的散文创作发生过很大的影响。其中，苏轼最出色地继承和发展了他所开创的一代文风。欧阳修的文风，还一直影响到元、明、清各代。

【代表作品】

欧阳修曾与宋祁合修《新唐书》，并独撰《新五代史》，又喜收集金石文字，编《集古录》。有《欧阳文忠公文集》传世，著名的作品《醉翁亭记》。

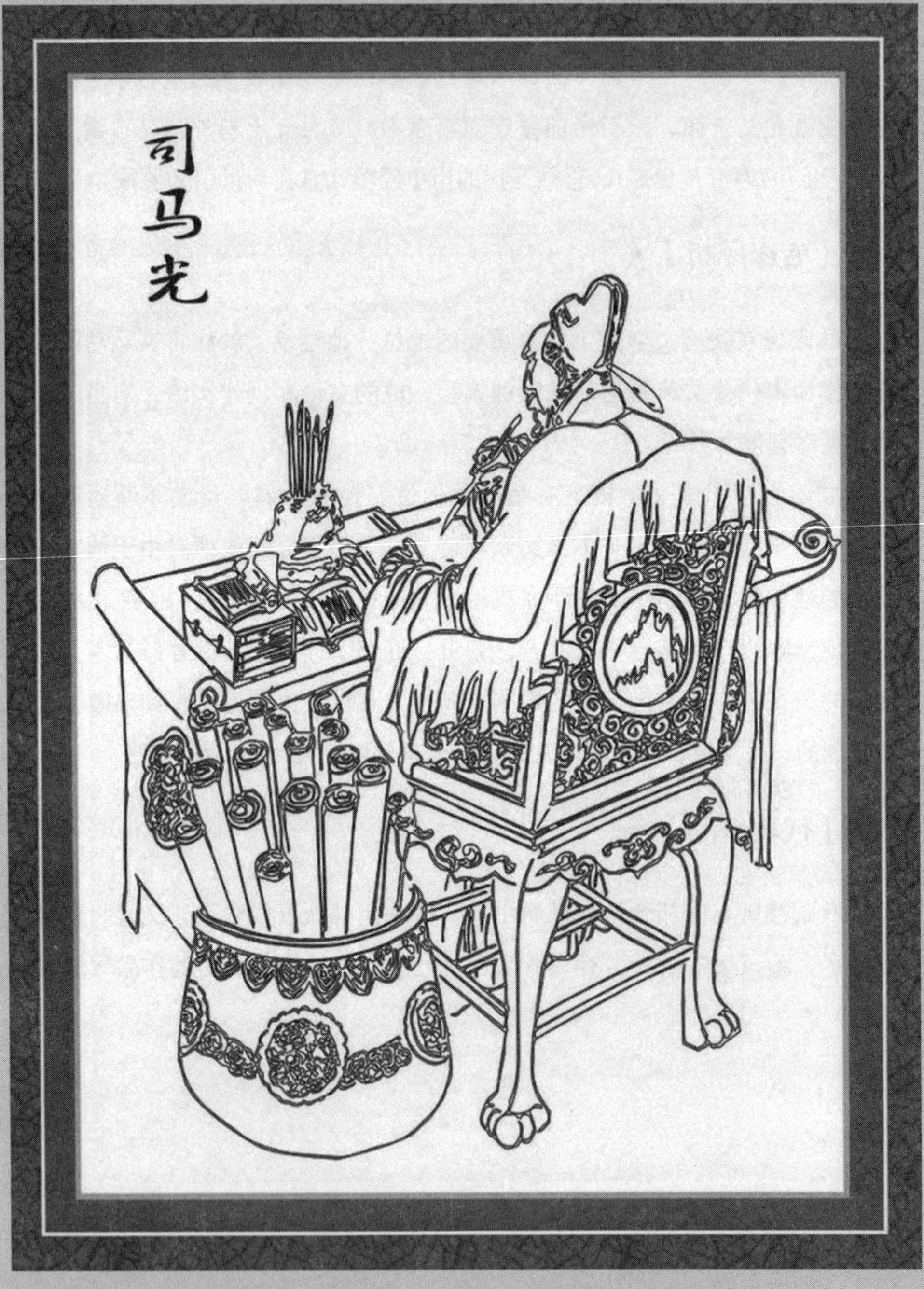
司马光

㉕ 编年通史，资治通鉴（司马光·北宋）

【生平简介】

姓名：司马光。

别名：迂夫、迂叟。

出生地：河南省信阳市光山县。

生卒年：公元1019—1086年。

身份：北宋政治家、文学家、史学家。

主要成就：反映在学术上，其中最大的贡献莫过于主持编写《资治通鉴》。

【名家推介】

司马光（公元1019—1086），初字公实，后改为君实，号迂夫，晚号迂叟。汉族，出生于河南省光山县，原籍陕州夏县（今属山西夏县）涑水乡人，世称涑水先生。

司马光是北宋政治家、文学家、史学家，经历宋仁宗、英宗、神宗、哲宗四朝，卒后追赠太师、温国公，谥文正。他主持编纂了中国历史上第一部编年体通史《资治通鉴》。司马光为人温良谦恭、刚正不阿，其人格堪称儒学教化下的典范，历来受人景仰。

【名家故事】

宋仁宗宝元元年，司马光中进士甲科，在华州担任地方官。初任奉礼郎、大理评事一类小官，后经枢密副使庞籍的推荐，入京为馆阁校勘，同知礼院，至和元年随庞籍到并州为官，后来就任并州通判。嘉祐二年庞籍因事获罪，司马光引咎离开并州。宋仁宗末年任天章阁待制兼侍讲同知谏院，嘉祐六年迁起居舍人同知谏院。

司马光本人对历史很有研究，他认为治理国家的人，一定要通晓古往今来的历史，从历史中吸取兴盛、衰亡的经验教训。他又觉得，从上古到五代，历史书实在太多，做皇帝的人没有那么多时间看，于是，他在被贬洛阳之前就开始动手编写一本从战国到五代的史书。

宋英宗在位的时候，司马光把一部分稿子献给朝廷，宋英宗觉得这本书对巩固王朝统治大有好处，十分赞赏这项工作，专门为他设立一个编写机构，叫他继续编下去。

宋神宗继位后，司马光又把编好的一部分献给宋神宗，宋神宗并不信司马光的政治主张，但是对司马光编书却十分支持，他把自己年轻时候收藏的二千四百卷书都送给司马光，要他好好完成这部著作，还亲自为这本书起了个书名叫《资治通鉴》。

司马光罢官回到洛阳之后，就专心写《资治通鉴》，一共花了十九年时间，才把这部著作完成。这部书按历史年代编写，从战国时期公元前403年到五代时期的公元959年，一共记载了一千三百六十二年的历史。

为了写这一部巨大篇幅的著作，司马光和他的助手们收集和整理了大量资料，除了采用历代的正史之外，还参看各种历史著作三百多种。据说，这部书写成的时候，原稿足足堆放了两间屋子。由于它的材料丰富、剪裁恰当和考证严格，加上文字精练生动，所以成为我国史学史上最有价值的著作之一，它对于后来的人研究历史提供了比较完备的资料。

在整整十九年时间里，司马光把全部精力放在这部著作上面，每天工作到深夜。到《资治通鉴》完成的时候，他的身体已经十分衰弱，眼睛昏花，牙齿大多脱落了。元丰七年《资治通鉴》成书。书成后，司马光官升为资政殿学士。

元丰八年，宋哲宗继位，高太皇太后听政，召他入京主国政，次年任尚书左仆射、兼门下侍郎，数月间罢黜新党，尽废新法，史称“元祐更化”。司马光执政一年半，即与世长辞。死后，宋哲宗将他葬于高陵。追赠太师、温国公，谥文正，赐碑“忠清粹德”。

《资治通鉴》是我国最大的一部编年史，全书共二百九十四卷，通贯古今，上起战国初期韩、赵、魏三家分晋，下到五代（后梁、后唐、后晋、后汉、后周）末年赵匡胤灭后周以前，共一千三百六十二年。司马光把这一千三百六十二年的史实，依时代先后，以年月为经，以史实为纬，顺序记写，对于重大的历史事件的前因后果，与各方面的关联都交代得清清楚楚，使读者对史实的发展能够一目了然。

司马光著述颇多，除了《资治通鉴》，还有《通鉴举要历》八十卷、《稽古录》二十卷、《本朝百官公卿表》六卷。此外，他在文学、经学、哲学乃至医学方面都进行过钻研和著述，主要代表作有《翰林诗草》、《注古文学经》、《易说》、《注太玄经》、《注扬子》、《书仪》、《游山行记》、《续诗治》、《医问》、《涑水纪闻》、《类篇》、《司马文正公集》等。在历史上，司马光曾被奉为儒家三圣之一。

司马光的《资治通鉴》自成书以来，历代帝王将相、文人骚客、各界要人争读不止。它已成为为官从政者案头必备的教科书，被奉为金科玉律，无上宝典。古往今来，点评批注《资治通鉴》的帝王、贤臣、鸿儒及现代的政治家、思想家、学者不胜枚举、数不胜数。

【专家品析】

司马光的主要成就反映在学术上，其中最大的贡献莫过于主持编写《资治通鉴》。《资治通鉴》的内容以政治、军事和民族关系为主，兼及经济、文化和历史人物评价，目的是要通过对事关国家盛衰、民族兴亡的统治阶级政策的描述，以警示后人。在历史上，司马光曾被奉为儒家三圣之一。

司马光的一生主要就是干了这两件事情，主持编写《资治通鉴》、反对王安石的变法，但是有一点必须要注意就是：司马光之所以与王安石政见不合，仅仅是在政治观点上有分歧，在本质上都是为国为民的真君子，纯粹君子之争，绝对不是为了一己私利，不然王安石在痛恨司马光之余也不会由衷地道出："司马君实，君子人也！"一个令政敌都叹为君子的人，绝对不是一个小人！

【代表作品】

《资治通鉴》是我国最大的一部编年史，全书共二百九十四卷，通贯古今，上起战国初期韩、赵、魏三家分晋，下至五代（后梁、后唐、后晋、后汉、后周）末年宋太祖灭后周以前，一共一千三百六十二年，依照时代先后，以年月为经，以史实为纬，顺序记写；对于重大的历史事件的前因后果，与各方面的关联都交代得清清楚楚，使读者对史实的发展能够一目了然。

26 豪放诗派，东坡乐府（苏轼·北宋）

【生平简介】

姓名：苏轼。
别名：苏子瞻、苏东坡。
出生地：四川眉山。
生卒年：公元1037—1101年。
职业：官员、文学家。
主要成就：在诗、文、词、书、画等许多方面达到了登峰造极的高度，是中国历史上少有的文学和艺术天才。

【名家推介】

苏轼（公元1037—1101），字子瞻，又字和仲，号东坡居士，汉族，眉州眉山（今属四川）人，与父亲苏洵、弟弟苏辙合称三苏。北宋著名散文家、书画家、词人、诗人，为唐宋八大家之一。

他在文学艺术方面堪称全才。其文汪洋恣肆，明白畅达，诗清新豪健，善用夸张比喻，在艺术表现方面独具风格，词开创开豪放一派，对后世很有影响，诗文有《东坡七集》等，词有《东坡乐府》。

【名家故事】

嘉祐元年，虚岁21的苏轼首次出川赴京，参加朝廷的科举考试。翌年，他参加了礼部的考试，以一篇《刑赏忠厚之至论》获得主考官欧阳修的赏识，却因欧阳修误认为是自己的弟子曾巩所作，为了避嫌，使他只得第二。

嘉祐六年，苏轼被授任大理评事、签书凤翔府判官。后来赶上父亲在汴京病故，苏轼扶丧归故里。1069年还朝，仍是以前的职位。他入朝为官之时，正是北宋开始出现政治危机的时候，繁荣的背后隐藏着危机，此时宋神宗继位，任用王安石支持变法。苏轼的许多师友，包括当初赏识他的恩师欧阳修在内，因在新法的施行上与新任宰相王安石政见不合，被迫离京。朝野旧雨凋零，苏轼眼中所见，已不是他二十岁时所见的 “平和世界”。

苏轼因在返京的途中见到新法对普通老百姓的损害，又因其政治思想保守，很不同意参知政事王安石的做法，认为新法不能便民，便上书反对。这样做的一个结果，便是像他的那些被迫离京的师友一样，不容于朝廷。于是苏轼自求外放，调任杭州通判。从此，苏轼终其一生都对王安石等变法派存有某种误解。苏轼在杭州待了三年，任满后，被调往密州（今山东诸城）、徐州、湖州等地，任知州县令，政绩显赫，深得民心。

这样持续了大概十年，苏轼遇到了生平第一件祸事。当时有人故意把他的诗句扭曲，以讽刺新法为名大做文章，苏轼到任湖州还不到三个月，就因为作诗讽刺新法，被网织“文字毁谤君相”的罪名，被捕入狱，史称

"乌台诗案"。

苏轼坐牢一百零三天，几次濒临被砍头的境地。幸亏北宋在太祖赵匡胤年间就定下不杀士大夫的国策，苏轼才算躲过一劫。出狱以后，苏轼被降职为黄州团练副使。这个职位相当低微，也无实权，而此时苏轼经此变故已变得心灰意懒，苏轼到任后，心情郁闷，曾多次到黄州城外的赤鼻矶游览，写下了《赤壁赋》、《后赤壁赋》和《念奴娇·赤壁怀古》等千古名作，以此来寄托他谪居时的思想感情。于公余之际便带领家人开垦城东的一块坡地，种田帮补生计，"东坡居士"的别号便是他在这时起的。

宋神宗元丰七年，苏轼离开黄州，奉诏赴汝州就任。由于长途跋涉，旅途劳顿，苏轼的幼儿不幸夭折。汝州路途遥远，且路费也已经花光，再加上丧子之痛，苏轼便上书朝廷，请求暂时不去汝州，先到常州居住，后被批准。当他准备南返常州时，神宗驾崩。

年幼的哲宗继位，高太后听政，以王安石为首新党被打压，司马光重新被启用为相。苏轼复为朝奉郎就任登州。四个月后，以礼部郎中被召还朝，半个月后升起居舍人，三个月后，升任中书舍人，不久又升翰林学士，成为为皇帝起草诏书的秘书，正三品，并就任礼部贡举。

当苏轼看到新兴势力拼命压制王安石集团的人物及尽废新法后，认为他们与所谓"王党"不过一丘之貉，再次向皇帝提出谏议。他对旧党执政后，暴露出的腐败现象进行了抨击，由此，他又引起了保守势力的极力反对，于是又遭诬告陷害。

苏轼至此是既不能容于新党，又不能见谅于旧党，因而再度自求外调任职。他以龙图阁学士的身份，再次到阔别了十六年的杭州当太守。苏轼在杭州修了一项重大的水利建设，疏浚西湖，用挖出的泥在西湖旁边筑了一道堤坝，也就是著名的"苏堤"。

苏轼在杭州过得很惬意，自比唐代的白居易。但元祐六年，他又被召回朝。但不久又因为政见不合，外放颍州。元祐八年高太后去世，哲宗执政，新党再度执政，第二年六月，做为宁远军节度副使的苏轼，再次被贬至惠阳。不久，苏轼又被再贬至更远的儋州（今海南）。据说在宋朝，放逐海南是仅比满门抄斩罪轻一等的处罚。后来徽宗继位，调任他为廉州安置、舒州团练副使、永州安置官。元符三年大赦，又回朝任职，北归途中，于1101年八月卒于常州，葬于汝州郏城县（今河南郏县），享年64岁，御赐谥号文忠。

【专家品析】

在才俊辈出的宋代，苏轼在诗、文、词、书、画等许多方面均取得了登峰造极的成就，是中国历史上少有的文学和艺术天才。

苏轼词风可分三类：一是豪放风格，这是苏轼刻意追求的理想风格，他以充沛、激昂甚至略带悲凉的感情融入词中，写人状物以慷慨豪迈的形象和阔大雄壮的场面取胜；二是旷达风格，这是最能代表苏轼思想和性格特点的词风，表达了诗人希望隐居、避开乱世、期待和平的愿望；三是婉约风格，苏轼婉约词的数量在其词的总数中占有绝对多数的比例，这些词感情纯正深婉，格调健康高远，也是对传统婉约词的一种继承和发展。

【代表作品】

传世佳句选摘

1. 但愿人长久，千里共婵娟。
2. 十年生死两茫茫，不思量，自难忘。
3. 大江东去，浪淘尽、千古风流人物。
4. 人有悲欢离合，月有阴晴圆缺，此事古难全。
5. 欲把西湖比西子，淡妆浓抹总相宜。
6. 不识庐山真面目，只缘身在此山中。

27 诗歌之最，传世量丰（陆游·南宋）

【生平简介】

姓名：陆游。

别名：陆放翁。

出生地：越州山阴（今浙江绍兴）。

生卒年：公元1125—1210年。

职业：诗人、词人。

主要成就：诗风格豪放，气魄雄浑，多反映民间疾苦，诗歌作品存世量最多。

【名家推介】

陆游（公元1125—1210），字务观，号放翁，汉族，越州山阴（今浙江绍兴）人。少年时即受家庭中爱国思想熏陶，宋孝宗时赐进士出身。中年入蜀，投身军旅生活，官至宝章阁待制。晚年退居家乡，但收复中原信念始终不渝。

他是南宋诗人，创作诗歌很多，今存九千多首，内容极为丰富。抒发政治抱负，反映人民疾苦，风格雄浑豪放；抒写日常生活，也多清新之作。词作量不如诗篇巨大，但和诗同样贯穿了气吞山河的爱国主义热情。

【名家故事】

陆游出身于一个世宦家庭，陆游的高祖是宋仁宗时太傅陆轸，祖父陆佃，父亲陆宰。当时正值宋朝腐败不振、屡遭金国进犯的年代。陆游出生次年，金兵攻陷北宋首都汴京，他于襁褓中即随家人颠沛流离，因受社会及家庭环境影响，自幼就立志杀胡救国。

封建家庭虽带给陆游良好的文化熏陶，尤其是爱国教育，但也带来婚姻上的不幸。他20岁时与表妹唐婉结婚，夫妻感情很和谐，可是其母却不喜欢唐氏，硬逼他们夫妻离散，唐氏改嫁赵士程，陆游也另娶王氏为妻。离婚后陆游非常伤痛，绍兴二十五年31岁游经沈园时，偶见唐琬夫妇，陆游在沈园墙上写了《钗头凤》词以寄深情，此后屡次赋诗怀念，直至75 岁时还写了有名的爱情诗《沈园》。唐氏读了陆游的钗头凤后悲痛欲绝，和了一首钗头凤，不久便去世了。

陆游12岁就能作诗文，学剑，并钻研兵书。29岁赴临安省试，名列第一。次年参加礼部考试，因名次居于主和派权臣秦桧的孙子之前，又因不忘国耻的观点，被权臣秦桧所黜。秦桧死后，绍兴二十八年陆游出任福州宁德县主簿。孝宗继位，赐进士出身，后因力劝张浚北伐，发生部下将领不合的情况，再加上主和派阻饶，朝廷立即动摇，而陆游也被冠上罪名而遭免职。几年后，又被朝廷启用做了夔州通判。

乾道八年，主战将领王炎聘请陆游到幕中襄理军务，使陆游的生活发生很大的变化。军旅生活使他的抱负不禁为之一开，写出了许多热情奔放的爱国诗篇。“飞霜掠面寒压指，一寸丹心唯报国”可说是他这一时期生活和心情的写照。虽然陆游满怀报国赤诚，但因朝廷腐败，只求苟安无意进取，他复国的壮志一直无法得到伸展的机会。

淳熙二年，范成大邀请陆游入幕僚，后来成为成都路安抚司参议官。他和范成大素有诗文之交，因此不太拘守官场礼数，以致引起同僚讥讽，又因复国抱负和个人功名长久无法得到伸展的空间，因此常有较放纵轻佻的行为，被同僚指责为“不拘礼法，恃酒颓放”。于是陆游索性自号“放翁”，并在诗中自我解嘲。淳熙五年，被推举为福建路常平茶盐，淳熙六年，改任江南西路。淳熙十三年，在严州为官。淳熙十五年，担任军器少监。之后陆游历经多次升降官职，在光宗绍熙元年之后的二十余年，长期蛰伏在山阴老家农村，家居时因为养生有术，嗜食薏米和木耳，到了晚年，依然耳聪目明。期间虽仍有向朝廷提出抗敌作战的主张，但始终遭受非议。最后在嘉定二年十二月二十九日抱着未见国土收复的遗恨与世长辞，享年86岁。

陆游一生力主北伐，虽然屡受主和派排挤打击，但是他的爱国之情至死不渝，也与尤袤、杨万里、范成大并称“南宋四大诗人”。死前曾作《示儿》一绝：“死去元知万事空，但悲不见九州同。王师北定中原日，家祭无忘告乃翁。”堪称是最能表现陆游创作精神的代表作。

陆游一生的诗产量极多，至老仍然创作不懈。实际上创作了一万多首，经他自己删汰之后仍有九千三百多首。其诗歌创作大致可分为三期：

第一期为少年到中年，时期最长但留存作品最少，约二百首，因陆游将自己早期的作品删除淘汰的关系。

第二期为46~54岁，诗约二千四百多首。此时期因深入军旅生活，诗风变为豪放壮阔，爱国思想也更加提升。此一时期诗歌创作的成熟和丰富，奠定了他作为一代文宗的崇高地位。

第三期为蛰居家乡到逝世，现存诗六千五百首。数量之所以较多是由于他晚年没有时间淘汰的缘故。此时期与农民接触较多，再加上宦海沉浮饱经忧患，并且他年事已高，因此风格转为清旷淡远的田园风格和苍凉的人生感慨。

不过即使诗风前后转变了三次，但是他诗中还是充满强烈的爱国情感，这也是他最大的特色与传颂千古的原因。其他也有较为平淡、清丽、甚至是奇谲的作品，不过那是少数。《关山月》、《书愤》、《金错刀》、《农家叹》、《黄州》、《长歌行》等，均为其代表作。

【专家品析】

陆游一生坚持抗金主张，虽多次遭受投降派的打击，但爱国之志始终不渝，死时还念念不忘国家的统一。他是南宋伟大的爱国诗人，他勤于创作，一生写诗六十年，保存下来就有九千三百多首。陆游作诗的题材极为广泛，内容丰富，其中表现抗金报国的作品，最能反映那个时代的精神。他的诗风格豪放，气魄雄浑，近似李白故有“小太白”之称。

陆游以抒发政治抱负，反映人民疾苦，批判当时统治集团的屈辱投降，风格雄浑豪放，表现出渴望恢复国家统一的强烈爱国热情。《关山月》、《书愤》、《农家叹》、《示儿》等篇均为后世所传诵。他的名句“山重水复疑无路，柳暗花明又一村”、“小楼一夜听春雨，深巷明朝卖杏花”等一直被百姓广为传诵。陆游以现存诗作九千多首入选中国世界纪录协会中国诗歌作品存世量最多的诗人，创造了一项诗歌中国之最。

【代表作品】

陆游作品包括《剑南诗稿》八十五卷、《渭南文集》五十卷、《放翁逸稿》两卷、《老学庵笔记》八十卷。陆游的名篇《书愤》、《示儿》、《游山西村》等选入中小学生语文课本。

28 爱国诗人，文书并就（辛弃疾·南宋）

【生平简介】

姓名：辛弃疾。

别名：稼轩居士、辛幼安。

出生地：历城（今山东省济南市）。

生卒年：公元1140—1207年。

身份：词人。

主要成就：开拓了词的思想意境、提高了词的文学地位。

【名家推介】

辛弃疾（公元1140—1207），原字坦夫，改字幼安，别号稼轩，历城

（今山东济南）人，南宋词人。

辛弃疾一生力主抗金，历任湖北、江西、湖南、福建、浙东安抚使等职。曾上《美芹十论》与《九议》，陈诉战守之策，显示了他卓越军事才能与爱国热忱。其词抒写力图恢复国家统一的爱国热情，倾诉壮志难酬的悲愤，对当时执政者的屈辱求和颇多谴责；也有不少吟咏祖国河山的作品，题材宽泛又善化用前人典故入词，风格沉雄豪迈又不乏细腻柔媚之处。作品集有《稼轩长短句》。

【名家故事】

绍兴三十一年，金主完颜亮大举南侵，在他的后方汉族人民由于不堪金人严苛的压榨奋起反抗。21岁的辛弃疾也聚集了两千人，参加由耿京领导的一支声势浩大的起义军，并担任掌书记。当金人内部矛盾爆发，完颜亮在前线为部下所杀，金军向北撤退时，辛弃疾于绍兴三十二年奉命南下与南宋朝廷联络。在他完成使命归来的途中，听到耿京被叛徒张安国所杀、义军溃散的消息，便率领五十多人袭击敌营，把叛徒擒拿带回建康，交给南宋朝廷处决。辛弃疾惊人的勇敢和果断，使他名重一时，宋高宗便任命他为江阴签判，从此开始了他在南宋的仕宦生涯，这时他才25岁。

辛弃疾初来南方，对朝廷的怯懦和畏缩并不了解，加上宋高宗赵构曾赞许过他的英勇行为，不久后继位的宋孝宗也一度表现出想要恢复失地、报仇雪耻的锐气，所以在他南宋任职的前一时期中，曾热情洋溢地写了不少有关抗金北伐的建议，像著名的《美芹十论》、《九议》等，尽管这些建议书在当时深受人们称赞，广为传诵，但已经不愿意再打仗的南宋朝廷却反映冷淡，只是对辛弃疾在建议书中所表现出的实际才干很感兴趣，于是先后把他派到江西、湖北、湖南等地担任转运使、安抚使一类重要的地方官职，屡次派他去治理荒政、整顿治安。这显然与辛弃疾的理想大相径庭，虽然他干得很出色，但由于深感岁月流逝、人生短暂而壮志难酬，内心越来越感到压抑和痛苦。

毕竟现实对辛弃疾是严酷的，他虽有出色的才干，他的豪迈倔犟的性格和执著北伐的热情，却使他难以在畏缩而又圆滑、嫉贤妒能的官场上立足。另外，由于他是归顺到南宋朝廷的人，尴尬身份也阻拦了他仕途的发展，使他的官职最高为从四品龙图阁待制。为此，他也早已做好了归隐的准备，并在江西上饶的带湖畔修建了园榭，以便离职后定居。果然，淳熙八年冬，辛弃疾42岁时，因受到弹劾而被免职，归居上饶。此后二十年间，他除了有两年一度出任福建提点刑狱和福建安抚使外，大部分时间都在乡闲居。

辛弃疾一向很羡慕笑傲山林的隐逸高人，闲居乡野同他的人生观并非没有契合之处。而且，由于过去的地位，他的生活也尽可以过得颇为奢华。但是，作为一个热血男儿、一个风云人物，在正是大有作为的壮年被迫离开政治舞台，这又使他难以忍受，所以，他常常一面尽情赏玩着山水田园风光和其中的恬静之趣，一面心灵深处又不停地涌起波澜，时而为一生的理想所激动，时而因现实的无情而愤怒和灰心，时而又强自宽慰，做旷达之想，在这种感情起伏中度过了后半生。

宋宁宗嘉泰三年，主张北伐的韩侂胄起用主战派人士，已64岁的辛弃疾被任为绍兴知府兼浙东安抚使，年迈的词人精神为之一振。第二年，他晋见宋宁宗，慷慨激昂地说了一番金国“必乱必亡”，并亲自到前线镇江任职。

宋宁宗开禧元年，辛弃疾任镇江知府，时年65岁，登临北固亭，感叹对自已报国无门的失望，凭高望远，抚今追昔，于是写下了《永遇乐·京口北固亭怀古》这篇传唱千古之作。但他又一次受到了沉重打击，在一些谏官的攻击下被迫离职，于当年重回故宅闲居。虽然后两年都曾被召任职，无奈年老多病，身体衰弱，终于在开禧三年秋天溘然长逝，享年67岁。

辛弃疾是南宋最负盛名的伟大词人，是我国文学史上最重要的作家之一。由于恢复失地、抗金救国的伟大理想不能实现，他就用词这一文学武器来进行斗争，来抒写自己积郁于心的复杂情感。他的重要词篇，表现了收复中原、统一祖国的强烈愿望，反映了建功立业、报效祖国的坚强决心，批判了南宋王朝偏安江左、妥协投降的错误政策，抒发了自己虚度岁月、壮志难酬的满腔悲愤。他还写下一些歌咏祖国壮丽河山与描绘农村风土人情的作品。辛弃疾继承和发展了苏轼开创的豪放词风，进一步扩大了词的题材和表现手法，突破了诗、词、文的界限。他善于以诗、以文为词，常用暗喻和比兴手法，使词旨委婉含蓄并具有沉郁顿挫的韵致，他的词，虽然以雄浑豪放为主，但也不缺乏清丽婉约之作。

辛弃疾有《稼轩词》和《稼轩长短句甲乙丙丁稿》，存词六百余首。主要代表作有《菩萨蛮》、《摸鱼儿》、《木兰花慢》、《清平乐》、《贺新郎》、《西江月》、《水龙吟》、《永遇乐》、《祝英台近》等。

【专家品析】

辛弃疾是文学史上产生过巨大影响的词人。当时，以辛弃疾为核心曾经出现一大批以抒写爱国思想为主的豪放词人，辛弃疾在扩大词的内容和发展词的艺术表现手法方面是具有不可磨灭的历史功绩的。

辛弃疾的词一方面以他英雄豪杰的志向与理念突破了词内容意境的传统；另一方面更以他英雄豪杰式的艺术手段突破了词写作艺术的传统。辛词的艺术手段可分为语言与形象两个主要方面：在语言方面，辛词特善用古，也善用俗，语汇最为丰富，而且句式骈散顿挫，语法变化多姿；在形象方面，辛词最大的特点是能在形象中随处引起感发，表现作者的志趣和理念，使形象与情感完美地结合起来。

【代表作品】

永遇乐·京口北固亭怀古

千古江山，英雄无觅，孙仲谋处。舞榭歌台，风流总被，雨打风吹去。斜阳草树，寻常巷陌。人道寄奴曾住。想当年，金戈铁马，气吞万里如虎。

元嘉草草，封狼居胥，赢得仓皇北顾。四十三年，望中犹记，烽火扬州路。可堪回首，佛狸祠下，一片神鸦社鼓。凭谁问：廉颇老矣，尚能饭否？

29 四家之首，元曲开宗（关汉卿·元）

【生平简介】

姓名：关汉卿。

别名：已斋、斋叟。

出生地：解州（今山西省运城）。

生卒年：约公元1220—约1300年。

身份：文学家、戏曲家。

主要成就：“元曲四大家”之首。他的剧作为元杂剧的繁荣与发展打下了坚实的基础，他是元代杂剧的奠基人。

【名家推介】

关汉卿（约公元1220—约1300），号已斋、已斋叟。汉族，解州人（今山西省运城），关于他的籍贯，还有祁州（今河北省安国县）伍仁村、大都（今北京市）人等说法。

他是元代杂剧作家，是中国古代戏曲创作的代表人物，与马致远、郑光祖、白朴并称为“元曲四大家”，是“元曲四大家”之首。

【名家故事】

有关关汉卿生平的资料缺乏，只能从零星的记载中窥见大略。南宋灭亡之后，关汉卿曾到过当时南方戏曲演出的中心杭州，写有《南吕一枝花·杭州景》套曲，还曾到过扬州，写曲赠著名女演员朱帘秀，有“十里扬州风物妍，出落着神仙”的佳句。

关汉卿是一位熟悉勾栏伎艺的戏曲家，他和杂剧作家杨显之、梁进之、费君祥，散曲作家王和卿以及朱帘秀等均有交往，和杨显之、王和卿更见亲密。

从思想内容看，关汉卿戏剧大致可分为三类：

第一类是歌颂人民的反抗斗争、揭露社会黑暗和统治者的残暴、反映了当时尖锐的阶级矛盾的作品。如著名的《窦娥冤》，此作品是他悲剧代表作，被列入世界大悲剧之中，反映了人们的斗争精神，控诉社会黑暗。

第二类主要是描写下层妇女的生活和斗争，突出她们在斗争中的勇敢和机智。那些貌似强大的坏人，在聪明的对手面前，一个个被弄得像泄了气的皮球，因此作品也带有更多的喜剧意味。其中以《救风尘》最有代表性。

第三类是歌颂历史英雄的杂剧，以《单刀会》的成就为最突出。剧中主角关羽的出场在第三折，但第一、第二折已通过乔国老和司马徽的口渲染了他的英雄业绩和盖世威风，造成了强烈的戏剧气氛。

关汉卿剧是中国古典戏曲艺术的一个高峰，关汉卿娴熟地运用元代杂剧的形式，在塑造人物形象、处理戏剧冲突、运用戏曲语言各方面均有杰出的成就。

关汉卿的剧作把塑造正面主人公放在首要的地位。《窦娥冤》自始至终把戏集中在窦娥身上，先写她悲惨的身世，顺之展开她和流氓地痞的冲突，再集中写贪官污吏对她的压迫，最后写她的复仇抗争。《单刀会》先烘托关羽的英雄气概，使关羽虽未上场但已有先声夺人的强烈效果。在中国文学史上，还没有一个戏曲家像关汉卿那样塑造出如此众多而又鲜明的艺术形象，在《窦娥冤》、《望江亭》、《拜月亭》、《西蜀梦》、《诈妮子》等剧里，出色的心理描写打开了作品人物内心世界的窗扉，成为塑造主要人物形象不可缺少的艺术手段。在处理戏剧冲突方面，关汉卿善于提炼激动人心的戏剧情节。这里有善良无辜的寡妇被屈斩而天地变色的奇迹（《窦娥冤》）；有单枪匹马慑伏敌人的英雄业绩（《单刀会》、《单鞭夺槊》）；有忍痛送妻子去让权豪霸占的丈夫（《鲁斋郎》）；有让亲生儿子偿命而保存前妻儿子的母亲（《蝴蝶梦》）；有被所爱的人抛弃而被迫为他去说亲的婢女（《诈妮子》），这些情节看来既富有传奇色彩，又都是扎根在深厚的现实土壤里的作品。

关剧紧凑集中，不枝不蔓，省略次要情节以突出主要事件。《窦娥冤》在这方面最为杰出，它除用楔子作序幕，交代窦娥身世外，接下的四折戏都以冲突为主，至于窦娥的结婚、丈夫的病死等事件均一句带过，甚至连窦娥丈夫的名字作者都没有交代。

关剧善于处理戏剧冲突还表现在它的过场戏简洁，戏剧场面随步换形，富于变化。在《望江亭》、《拜月亭》、《单鞭夺槊》、《哭存孝》等剧尤为突出，如《哭存孝》剧中，刘夫人到李克用处为李存孝说情，眼看李存孝就要得救了，突然刘夫人出去看打围落马的亲子，李存信乘机进谗，李存孝随即被车裂。这样处理戏剧场面，摇曳多姿，变化莫测，出观众意想之外，又在人物情理之中，效果十分强烈。

关汉卿是一位杰出的语言艺术大师，他汲取大量民间生动的语言，熔铸精美的古典诗词，创造出一种生动流畅的语言风格。关剧的本色语言风格还表现在人物语言的性格化上，语言很符合人物身份。如窦娥的朴素无华，赵盼儿的利落老辣，宋引章的天真淳朴，谢天香的温柔软弱，杜蕊娘的泼辣干练，皆惟妙惟肖，宛如口出。同是反面人物，葛彪的语言粗鲁强横，恶霸凶徒的本色；周舍的语言干练利索，很符合他“酒肉场中三十载，花星整照二十年”的老狎客身份；杨衙内的语言粗鄙，有时却附庸风雅，装模作样；张驴儿语言流里流气，切合他流氓无赖的性格。

关汉卿是中国文学史和戏剧史上一位伟大的作家，他一生创作了许多杂剧和散曲，成就卓越。他的剧作为元杂剧的繁荣与发展打下了坚实的基础，他是元代杂剧的奠基人。

【专家品析】

关汉卿的杂剧内容具有强烈的现实性和弥漫着昂扬的战斗精神，关汉卿生活的时代，政治黑暗腐败，社会动荡不安，阶级矛盾和民族矛盾十分突出，人民群众生活在水深火热之中。他的剧作深刻地再现了社会现实，充满着浓郁的时代气息，反映生活面十分广阔，既有对官场黑暗的无情揭露，又热情讴歌了人民的反抗斗争。慨慷悲歌，乐观奋争，构成关汉卿剧作的基调。

在关汉卿的笔下，写得最为出色的是一些普通妇女形象，关汉卿描写了她们的悲惨遭遇，刻画了她们正直、善良、聪明、机智的性格，同时又赞美了她们强烈的反抗意志，歌颂了她们敢于向黑暗势力展开搏斗、至死不屈的英勇行为，在那个特定的历史时代，奏出了鼓舞人民斗争的主旋律。

【代表作品】

关汉卿是位伟大的戏曲家，后世称关汉卿为“曲圣”。代表作品有：《窦娥冤》、《救风尘》、《单刀会》。他的剧作被译为英文、法文、德文、日文等，在世界各地广泛传播，外国人称它是“东方的莎士比亚”。

30 家喻户晓，西厢厅记（王实甫•元）

【生平简介】

姓名：王实甫。
别名：德信。
出生地：大都（今北京市）。
生卒年：公元1260—1336年。
身份：戏曲家。
主要成就：“元曲四大家”之一。

【名家推介】

王实甫（公元1260—1336），名德信，大都（今北京市）人。王实甫著有杂剧十四种，现存《西厢记》、《丽春堂》、《破窑记》三种。《破窑记》写刘月娥和吕蒙正悲欢离合的故事，有人怀疑不是王实甫的手笔。另有《贩茶船》、《芙蓉亭》二种，各传有曲文一折。

【名家故事】

王实甫的祖籍是今河北保定的定兴县，他的父亲王逖勋从质子军，跟随成吉思汗西征至西域，娶信仰伊斯兰教的阿噜浑氏为妻，阿噜浑人在元代为色目人，也称回回人。

王实甫不仅出身官宦名门之家，而且他自己也是做过官的。先以县官入仕，因治县有名气，后提升为陕西行台监察御史，四十岁弃官不做。王实甫本来前途无量，却弃官不做，回到大都后，他一头扎进关汉卿的“玉京书会”，出入于歌台舞榭之中，厮混于勾栏瓦舍之间，开始了他的戏剧创作生涯。

元大都时期的西四砖塔胡同一带，有勾栏数十处，是元杂剧演出的主要场所，也是三教九流聚集的地方。王实甫、关汉卿等整日流连于此，能体味到社会下层人的生活，反映他们的愿望。

王实甫一生共创作了十四部杂剧，除《崔莺莺待月西厢记》、《吕蒙正风雪破窑记》、《四丞相歌舞丽春堂》留有全本外，还有《苏小卿月夜贩茶船》、《韩彩云丝竹芙蓉亭》各一折。他的代表作《西厢记》，在戏剧结构、矛盾冲突、人物塑造等方面，都取得了很高的艺术成就，无论是思想性，还是艺术性，都达到了元杂剧的一个高峰，成为最具舞台生命力的一部佳作。《西厢记》所表达的“愿普天下有情人都成眷属”的思想，在中国文学史上还是第一次。《西厢记》突破了元杂剧一本四折的格式，长达五本二十一折，不因篇幅限制而造成剧情简单化和模式化的缺点，这一形式上的大胆革新，对后来的戏剧创作起到了引领作用。

《西厢记》不仅是一部戏剧，它也是中国文学史上的一部不朽名著。《西厢记》描写书生张生在寺庙中遇见崔相国之女崔莺莺，两人产生爱情，通过婢女红娘的帮助，历经坎坷，终于冲破封建礼教束缚而结合的故事。王实甫的杂剧《西厢记》有鲜明、深刻的反封建的主题，张生和崔莺莺的恋爱故事，已经不再停留在“才子佳人”的模式上，也没有把“夫贵妻荣”作为婚姻的理想。它否定了封建社会传统的联姻方式，始终追求真挚的感情，爱情已被置于功名利禄之上。《西厢记》结尾处，在中国文学史上第一次正面地表达了“愿普天下有情人都成眷属”的美好愿望，表达了反对封建礼教、封建婚姻制度、封建等级制度的进步主张，鼓舞了青年男女为争取爱情自由、婚姻自主而抗争。《西厢记》之所以能成为元杂剧的“压卷”之作，不仅在于其表现了反对封建礼教和封建婚姻制度的进步思想，而且它在戏剧冲突、结构安排、人物塑造等方面，都取得了很高的艺术成就。《西厢记》的戏剧冲突有两条线索。一条是封建势力的代表“老夫人”与崔莺莺、张生、红娘之间展开的冲突，这是维护封建礼教的封建势力和反对封建礼教、追求婚姻自主的叛逆者之间的冲突。此外，《西厢记》还有由崔莺莺、张生、红娘之间的种种矛盾引起的另一条戏剧冲突的线索，这些冲突虽然属次要，却是大量的，错综复杂的，常常和主要矛盾交织在一起，互相影响，推动戏剧情节一环扣一环地发展，具有强烈的戏剧效果，这正是《西厢记》令人叫绝之处。《西厢记》的角色不多，戏却很多，情节曲折。《西厢记》的结构规模在中国戏剧史上是空前的，它突破了元杂剧的一般惯例，用长篇巨制来表现一个曲折动人的完整的爱情故事，因此它避免了其它元杂剧由于篇幅限制而造成的剧情简单化和某种程度的模式化的缺点，能够游刃有余地展开情节、刻画人物。这是王实甫的一个创举。

《西厢记》最突出的艺术成就是成功地塑造了栩栩如生、性格各异的人物形象，王实甫很善于按照人物的地位、身份、教养以及彼此之间的具体关系，准确地把握人物的性格特征；并且调动多种艺术手段，生动、鲜明地将其表现出来。崔莺莺、张生、红娘、老夫人都由于王实甫的卓越才能而成为不朽的艺术典型。

王实甫的《西厢记》问世以后，在中国文学史上产生了广泛而深远的影响。其版本数量众多，流传至今的明、清刻本约有一百种。明、清两代的众多学者对《西厢记》评价很高，直到近现代《西厢记》的各种版本依旧活跃在舞台上，备受人们的赞赏。

【专家品析】

《西厢记》可以说是元杂剧中影响最大的。它以五本的宏大规模来上演一对青年男女追求自由的爱情与婚姻的故事，不仅题材引人喜爱，而且人物能刻画得丰满细致，情节能够表现得曲折动人，再配以与浪漫的内容相称的秀丽优雅而又活泼的语言，自然有一种不同寻常的魅力。

《西厢记》通常被评价为一部“反封建礼教”的作品，这当然不错。但同时它也有一个显著的特点，是作者很少从观念的冲突上着笔，而是直接切入生活本身，来描绘青年男女对自由的爱情的渴望，情与欲的不可遏制和正当合理，以及青年人的生活愿望与出于势利考虑的家长意志之间的冲突。《西厢记》以很高的艺术水平来展现一个美丽的爱情故事，使得它格外动人。

【代表作品】

王实甫的代表作品有《西厢记》、《丽春堂》、《破窑记》等，其中《西厢记》在元代杂剧中具有“天下夺魁”的艺术成就。作者突破了元杂剧每剧四折的结构，全剧写了五本，共二十一折，内容丰富，情节紧凑，故事曲折动人。剧中成功地塑造了栩栩如生的人物形象，莺莺、张生、红娘和老夫人都是古典戏曲中杰出的典型。在心理描写和景物气氛的渲染上，也都具有感人的艺术魅力。作品文辞优美，诗意浓厚，很多曲文感情色彩强烈，富于音乐节奏，历来为人们所传颂。

31 匠心独运，脍炙人口（马致远·元）

【生平简介】

姓名：马致远。

别名：东篱。

出生地：河北沧州市东光县马祠堂村。

生卒年：约公元1264—1324年。

身份：戏曲作家。

主要成就：元曲四大家之一。

【名家推介】

马致远（约公元1264—1324），汉族，河北省东光县马祠堂村人，马致远字“千里”，晚年号“东篱”，以表示效仿陶渊明之志。

他的艺术创作晚于关汉卿、白朴等人，与关汉卿、郑光祖、白朴并称“元曲四大家”，是我国元代时著名大戏剧家、散曲家。其所做杂剧今知有十五种，《汉宫秋》是其代表作，散曲一百二十多首，有辑本《东篱乐府》。

【名家故事】

马致远青年时期仕途坎坷，中年中进士，曾任江浙行省官吏，后在大都任工部主事。马致远晚年不满时政，隐居田园，自娱自乐，死后葬于祖茔。

从他的散曲作品中可以知道，他年轻时热衷功名，有很远大的政治抱负，但一直没能实现，在经过了二十年漂泊生涯之后，他看透了人生的耻辱，于是有退隐林泉的念头，晚年过着世外桃源的闲适生活。马致远早年即参加了杂剧创作，是“贞元书会”的主要成员，与文士王伯成、李时中，艺人花李郎、红字李二都有交往，也是当时最著名的“四大家”之一。马致远从事杂剧创作的时间很长，名气也很大，有“曲状元”之誉。

马致远著有杂剧十五种，存世的有《江州司马青衫泪》、《破幽梦孤雁汉宫秋》、《吕洞宾三醉岳阳楼》、《半夜雷轰荐福碑》、《马丹阳三度任风子》、《开坛阐教黄粱梦》、《西华山陈抟高卧》七种。马致远的散曲作品也负盛名，现存辑本《东篱乐府》一卷，收入小令一百零四首，套数十七套。其杂剧内容以神化道士为主，剧本全都涉及全真教的故事，元末明初贾仲明在诗中说：“万花丛中马神仙，百世集中说致远”。

在马致远生活的年代，蒙古统治者开始注意到“遵用汉法”和任用汉族文人，却又未能普遍实行，这给汉族文人带来一丝幻想和更多的失望。马致远早年曾有仕途上的抱负，他的一套失题的残曲中自称“写诗曾献上龙楼”，却长期毫无结果。后来担任地方小官吏，也是完全不能满意的，在职的时间也并不长，在这样的蹉跎经历中，他渐渐心灰意懒，一面怀着满腹牢骚，一面宣称看破了世俗名利，以隐士高人自居，同时又在道教中求解脱。

马致远的《汉宫秋》在传说的基础上再加虚构，把汉和匈奴的关系写成衰弱的汉王朝为强大的匈奴所压迫；把昭君出塞的原因，写成毛延寿求贿不遂，在画像时丑化昭君，事败后逃往匈奴，引兵来攻，强索昭君；把汉元帝写成一个软弱无能、为群臣所挟制而又多愁善感、深爱王昭君的皇帝；把昭君的结局，写成在汉与匈奴交界处的黑龙江投江自杀。这样，《汉宫秋》成了一种假借一定的历史背景而加以大量虚构的宫廷爱情悲剧。

《汉宫秋》是马致远早期的作品，也是马致远杂剧中最著名的一种，是描写王昭君出塞和亲故事，历史上的这一事件，原只是汉元帝将一名宫女嫁给内附的南匈奴单于作为笼络手段，在《汉书》中的记载也很简单。而《后汉书•南匈奴传》加上了昭君自请出塞和辞别时元帝惊其美貌、欲留下而不能的情节，使之带上一种故事色彩，后世笔记小说、文人诗篇及民间讲唱文学屡屡提及此事，对历史事实多有改造。

《青衫泪》是由白居易《琵琶行》敷演而成的爱情剧，虚构白居易与妓女裴兴奴的悲欢离合故事，中间插入商人与鸨母的欺骗破坏，造成戏剧纠葛。在士人、商人、妓女构成的三角关系中，妓女终究是爱士人而不爱商人，这也是落魄文人的一种自我陶醉。

马致远写得最多的是“神仙道化”剧。《岳阳楼》、《陈抟高卧》、《任风子》以及《黄粱梦》，都是演艺全真教事迹，宣扬全真教教义的。这些道教神仙故事，主要倾向都是宣扬浮生若梦、富贵功名不足凭，要人们意念为空，摆脱家庭妻小在内的一切羁绊，在山林隐逸和寻仙访道中获得解脱与自由。剧中主张回避现实矛盾，反对人们为争取自身的现实利益而斗争，这是一种懦弱的悲观厌世的态度。但另一方面，剧中也对社会现状提出了批判，对以功名事业为核心的传统价值观提出了否定，把人生的自我适应放在更重要的地位，这也包涵着重视个体存在价值的意义，虽然作者未能找到实现个体价值的合理途径。

在众多的元杂剧作家中，马致远的创作最集中地表现了当代文人的内心矛盾和思想苦闷，并由此反映了一个时代的文化特征。与此相关联，马致远的剧作，大抵写实的能力并不强，人物形象的塑造也不怎么突出，戏剧冲突通常缺乏紧张性，而自我表现的成分却很多。包括《汉宫秋》这样的历史题材的作品在内，剧中人物往往游离了戏剧冲突，做大段的抒情，这常常是马致远在借剧中人物表现自己的喜怒哀乐。

【专家品析】

前人对马致远的杂剧评价很高，主要有两个原因：一是剧中所抒发的人生情绪容易引起旧时代文人的共鸣。二是就是语言艺术的高超，马致远杂剧的语言偏于典丽，但又不像《西厢记》、《梧桐雨》那样华美，而是把比较朴实自然的语句锤炼得精致而富有表现力。

马致远同时是撰写散曲的高手，是元代散曲大家，有“曲状元”之称。今存散曲约一百多首，他的写景作如《天净沙·秋思》，如诗如画，余韵无穷，成为他的叹世之作，挥洒淋漓地表达了他的真情性，他在元代散曲作家中，被看做是“豪放”派的主将，他虽也有清婉的作品，他的语言熔诗词与口语为一炉，创造了散曲的独特意境。

【代表作品】

马致远的他的作品有十五种，今存《汉宫秋》、《荐福碑》、《岳阳楼》、《青衫泪》等七种，另有《黄粱梦》，是他和几位艺人合作的，以《汉宫秋》最著名。散曲有《东篱乐府》，小令《天净沙·秋思》脍炙人口，匠心独运，自然天成，丝毫不见雕琢痕迹。

32 江湖豪侠，水泊梁山（施耐庵·元）

【生平简介】

姓名：施耐庵。

别名：施彦端，字肇端，号子安。

出生地：江苏兴化。

生卒年：公元1296—1371年。

身份：元末明初小说家。

主要成就：白话体小说创作。

【名家推介】

施耐庵（公元1296—1371），元末明初文学家，原名施彦端，字肇端，号子安，别号耐庵，汉族，施耐庵祖籍江苏泰州海陵县，出生于江苏兴化。

他博古通今，才气横溢，对于诸子百家，词章诗歌，天文、地理、医卜、星象等技术无不精通，35岁曾中进士，后弃官归故里，闭门著述，搜集整理关于梁山泊宋江等英雄人物的故事，最终写成“四大名著”之一的《水浒传》。

【名家故事】

施耐庵自幼聪明好学，元延祐元年考中秀才，泰定元年中举人，至顺二年荣登进士。不久任钱塘县尹，因替穷人辩冤遭到县官的训诉，于是辞官回家。

元至正十三年，白驹场盐民张士诚等十八名壮士率壮丁起义反元。张士诚敬重施耐庵文韬武略，再三邀请他为军幕，施耐庵抱着建造“王道乐所”的宏远计划欣然前往，为张士诚献了许多攻城夺地的计策。后因张士诚居功自傲，独断专行，亲信佞臣，疏远忠良，施耐庵几次谏劝，张士诚都不予采纳，于是愤然离开平江，并作《秋江送别》套曲赠予同在张幕的鲁渊、刘亮等人，此后，浪迹江湖，替人医病解难。

施耐庵后来在江阴祝塘财主徐骐家中坐馆，除了教书以外，还与拜他为师的罗贯中一起研究《三国》、《三遂平妖传》的创作，搜集、整理北宋末年以宋江为首的一百零八人在水泊梁山起义的故事，定名为《江湖豪客传》。至正二十七年，朱元璋灭掉了张士诚后，到处搜捕张士诚的部属。为避免麻烦，施耐庵征求兴化好友顾逖的意见，在白驹修了房屋，从此隐居，专心《江湖豪客传》的创作，《江湖豪客传》成书后，定为《水浒传》，施耐庵写完《水浒传》后没过几年就病逝了。

《水浒传》虽然依托于史实，但人物情节几乎完全出于创作，用的是纯粹的白话。此前的文言小说虽然也能写得精美雅致，但终究是脱离口语的书面语言，要做到“绘声绘色、惟妙惟肖”八个字总是困难的。施耐庵以很高的文化修养，驾驭流利纯熟的白话，来刻画人物的性格，描述各种场景，显得极其生动活泼。特别是写人物对话时，更是闻其声如见其人，其效果是文言所不可能达到的，有了施耐庵的《水浒传》，白话文体在小说创作方面的优势得到了完全的确立，这在整个中国文学史上的意义极为深远。

《水浒传》主要是在民间说话和戏剧故事的基础上形成的，它把许多原来分别独立的故事经过改造组织在一起，既有一个完整的长篇框架，又保存了若干仍具有独立意味的单元，可以说是一种“板块”串联的结构。从长篇小说的结构艺术来说，这固然有不成熟的地方，但从塑造人物形象来说，却也有其便利之处。一些最重要的人物，在有交叉的情况下，各自占用连续的几回篇幅，他们的性格特征得到集中的描绘，表现得淋漓尽致，给人以极深刻的印象。后来民间评书有专说宋江、石秀、武松等人的，也正是发挥了《水浒传》这一特点。

《水浒传》最值得称道的地方，无疑是在人物形象的塑造方面。施耐庵以自己对社会生活的广泛了解、深刻的人生体验和丰富活跃的艺术想象，加上前面所说的语言和结构的长处，达到了长篇小说前所未有的成就。武松的勇武豪爽，鲁智深的嫉恶如仇、暴烈如火，李逵的纯然天真、戆直鲁莽，林冲的刚烈正直，无不栩栩如生，使人过目难忘。作为梁山第一号人物的宋江，由于施耐庵把相互冲突的江湖道德和正统道德加在他一个人身上，有些地方是显得观念化的。但透过一些不成功的笔墨，这个人物仍有他鲜明的特征：社会地位不高而胸怀远大，在正常的读书做官的轨道上难以求得成功，终于成为草莽英雄。历史上一些造反武装的领袖，很多是这一种类型。

小说中许多不重要的人物以及反面人物，虽然着墨不多，却写得相当精彩。像高俅发迹的一段，写他未得志时对权势人物十足的温顺乖巧、善于逢迎，一旦得志，公报私仇、欺凌下属，又是逞足了威风，凶蛮无比，这种略带漫画味的描绘有很强的真实感。还有杨志卖刀所遇到的牛二，那种泼皮味道真是浓到了家。潘金莲是小说中写得比较成功的女性。虽然施耐庵出于陈旧的道德观念对她缺乏同情心，但从对生活的观察出发，还是把这个出身卑微、受尽欺凌，在不幸的人生中不惜以邪恶手段追求个人幸福的女子写得活灵活现。后来《金瓶梅》用她做主要人物，固然有很大的发展，但毕竟也是利用了《水浒传》的基础。

《水浒传》继承了民间说话的传统、十分重视故事情节的生动曲折。它很少静止地描绘环境、人物外貌和心理，而总是在情节的展开中通过人物的行动来刻画人物的性格。这些情节又通常包含着激烈的矛盾冲突，包含偶然性的作用和惊险紧张的场面，包含着跌宕起伏的变化，富于传奇色彩。这种非凡人物与非凡故事的结合，使得整部小说充满了紧张感，很能引人入胜。不过到了七十一回梁山大聚义以后，情节就变得松垮散漫，人物也大多失去了原有的色彩。因为梁山的好汉们在这以后所做的事情，同他们原来的性格及人生取向全然背反，而英雄被招安而走向失败的道路，没有深刻的悲剧意识是无法写好的。金圣叹把《水浒传》截到原书第一百二十回为止，是一百零八人梁山起义的故事。

【专家品析】

《水浒传》通常被评价为一部正面反映和歌颂农民起义的小说。当然，小说中描写的梁山泊的某些基本宗旨与历史上农民起义所提出的要求有相同的地方，但另一方面也要注意到，《水浒传》中的人物和故事，基本上都是出于艺术虚构，可以说，除了“宋江”这个人名和反政府武装活动的大框架外，它与历史上宋江起义的事件没有多少关系。

这部以北宋末年社会为历史背景的小说所揭露的社会黑暗现象，实际在封建专制时代具有普遍意义，《水浒传》堪称是中国白话文学的一座里程碑。有了《水浒传》，白话文体在小说创作方面的优势得到了完全的确立，这在整个中国文学史上的意义极为深远。

【代表作品】

《水浒传》又名《忠义水浒传》，一般简称《水浒》，由著名文学家施耐庵作于元末明初，是中国历史上第一部用白话文写成的章回小说，是中国四大名著之一。其版本众多，流传极广，脍炙人口。

33 章回鼻祖，著作甚丰（罗贯中·元）

【生平简介】

姓名：罗贯中。

别名：名本，字贯中。

出生地：山东东原（一说山西、福建）。

生卒年：约公元1330—约1400年。

身份：小说家、戏剧家。

主要成就：中国章回小说的鼻祖。

【名家推介】

罗贯中（约公元1330—约1400），汉族，山东东原（今山东东平县）人。名本，字贯中，号湖海散人。他是元末明初著名小说家、戏曲家，是中国章回小说的鼻祖。

罗贯中的一生著作颇丰，主要作品有：剧本《赵太祖龙虎风云会》、《忠正孝子连环谏》、《三平章死哭蜚虎子》，小说《隋唐两朝志传》、《残唐五代史演义》、《三遂平妖传》、《粉妆楼》，代表作《三国演义》等。

【名家故事】

元代中期，由于灭宋战争的创伤逐渐平息，社会的经济、文化重心也开始由北方转移到了南方。南宋的故都杭州不仅成为人口云集、商业发达的繁华城市，也成为戏剧演出和“说话”艺术发展的重要中心。因此，不少北方的知识分子如关汉卿、郑光祖等人，都先后搬迁到了杭州一带。身为小说兼杂剧作家的罗贯中，也必然受到这一社会潮流的影响，成为这类南迁作家中的一个。罗贯中号“湖海散人”，这个称号就寄寓着漫游江湖、浪迹天涯的意味。大约在公元1345～1355年间，他来到了杭州，许多说话艺人在这里说书，一些杂剧作家也在这里活动。罗贯中对民间文学又极其喜爱，到了这里，自然不愿离开远去。

约在公元1360～1363年间，罗贯中来到了起事称霸的张士诚那里做客，但是，张士诚并不重视知识分子，也不听取他们的意见。至正二十三年九月，刘亮、鲁渊等人纷纷离去，不久，罗贯中也离开了张士诚，再次北上，到至正二十六年，罗贯中又回到了杭州。这时，他已是五十多岁的人了，对历史、对人生都有了比较成熟的看法，完全具备了创作《三国志通俗演义》的条件。到明太祖洪武三年，罗贯中已写了十二卷，之后数卷的写作，是洪武四年以后的事了。

在罗贯中写作《三国志通俗演义》期间，施耐庵从苏州迁移到兴化，并在洪武三年逝世。为了纪念他的师友施耐庵，罗贯中在完成《三国志通俗演义》之后，决定加工、增补施氏的《水浒传》。成书于洪武四年至十年之间。在加工、增补《水浒传》的同时，罗贯中继续创作历史演义系列作品。

罗贯中在创作完了这些作品以后，已是六十几岁的老人了。他为了出版这些作品，于洪武十三年左右从杭州来到福建，因为当时福建的建阳是出版业的中心，但是，罗贯中的这一目的未能实现。

罗贯中的创作才能是多方面的，他写过乐府隐语和戏曲，但以小说成就为主，今存署名罗贯中的作品，除《三国志通俗演义》外，还有《隋唐志传》、《残唐五代史演义传》和《三遂平妖传》，这些作品中《三国志通俗演义》的成就最高。全书以宏大的结构描绘了三国时期复杂的政治军事斗争，起自黄巾起义，终于西晋统一。《三国演义》在描写近一百年的历史故事中不但揭露了封建帝王阶级对农民起义的残酷镇压，而且揭露了他们之间各种政治、军事和外交的激烈斗争。同时，也反映了当时人民遭受的种种苦难，以及他们反对分裂，要求统一的愿望。大约在公元

1385~1388年间，罗贯中活了70岁，在卢陵逝世。

古典名著《三国演义》成书几百年来享有崇高之极的地位，没有任何一部小说比得上，近三百年来，向来称之为“第一才子书”，或“第一奇书”。这部在华人世界家喻户晓的古典小说，妇孺皆知，影响之广可谓空前绝后！《三国演义》其中包涵的思想精髓、社会万象、智谋权变可谓博大精深，每一次品读都有不同的感受，都有不一样的收获，这就是名著的力量，这就是文化的风采。然而就是这样一部小说，几百年来似乎还是没有被人完全领悟，即使是资深的三国迷、历史学家、文化巨匠，似乎也不能完全理解透彻。

《三国演义》提供了不少战争经验和各种军事科学知识，对战争的描写是很出色的。官渡之战、赤壁鏖兵、水淹七军、火烧连营等都写有声有色、引人入胜。同时，也为后人提供了丰富的战略战术经验和教训。

《三国演义》为如何写作历史小说，提供了“七分事实，三分虚构”基本经验。《三国演义》中的历史事作和人物，大都是真实的。黄巾起义、董卓之乱、官渡、赤壁之战等，在历史上，真有其事；董卓、曹操、袁绍、刘表、刘备、孙权以及关羽、张飞、诸葛亮等，在历史上，也确有其人。这就是“七分事实”。历史小说的创作，在涉及历史之时，原则上要符合历史的真实，不可杜撰或捏造。否则，就不是历史小说了。但另一方面，《三国演义》又不等于三国历史，它毕竟是一部小说。所以，其中不少内容和情节是虚构夸张的。

《三国演义》是一部艺术性很高的作品，但它也有种种不足，如否定农民起义的错误立场，封建迷信等，然而它毕竟是一部伟大的文学名著，罗贯中也因此在中国文学史上占有重要地位。

【专家品析】

《三国演义》开创了历史小说的先河。自罗贯中把三国历史写成小说以来，文人纷纷效法，各取中国历史一段，写成各种历史小说，于是，在中国文学史上，历史小说便蔚然成为一大潮流。明代比较有名的历史小说就有《东周列国志》、《杨家将演义》、《说唐》、《精忠传》等。直到现在，中国几千年的历史都已被写成了各种历史小说。近几年出版的《五千年演义》等，无不是罗贯中历史演义的继承和发展。

【代表作品】

罗贯中主要作品有：剧本《赵太祖龙虎风云会》、《忠正孝子连环谏》、《三平章死哭蜚虎子》，小说《隋唐两朝志传》、《残唐五代史演义》、《三遂平妖传》、《粉妆楼》、《三国演义》、《隋唐两朝志传》等。

34 神话小说，西游记著（吴承恩•明）

【生平简介】

姓名：吴承恩。

别名：射阳山人。

出生地：淮安府山阳县（今江苏省淮安市）。

生卒年：公元1501—1582年。

身份：小说家。

主要成就：开创了神怪小说的先河，并将古代浪漫主义推向高峰。

【名家推介】

吴承恩(公元1501—1582)，字汝忠，号射阳山人。汉族，淮安府山阳县（今江苏省淮安市楚州区）人。

吴承恩是中国明代著名小说家，中国古典文学名著、神话小说《西游记》的作者，世界文化名人。

【名家故事】

吴承恩出生于一个由下级官吏沦落为小商人的家庭，他的父亲吴锐性格乐观旷达，奉行常乐哲学，为儿子取名承恩，字汝忠，意思希望他能读书做官，上承皇恩，下泽黎民，做一个青史留名的忠臣。吴承恩小时候勤奋好学，一目十行，过目成诵，他精于绘画，擅长书法，爱好填词度曲，对围棋也很精通，还喜欢收藏名人的书画字帖。少年时代他就因为文才出众而在故乡出了名，受到人们的赏识。

他除勤奋好学外，特别喜欢搜奇猎怪，爱看神仙鬼怪、狐妖猴精之类的书籍。如《百怪录》、《酉阳杂俎》之类的小说或野史，在这类五光十色的神话世界，潜移默化中他养成了搜奇猎怪的嗜好，随着年龄的增大，这种爱好有增无减，这对他创作《西游记》有着重大的影响。

步入青年时代的吴承恩是狂放不羁、轻世傲物的年轻人，社会地位的低下，贫穷困苦的处境，使这位大才子狂放不羁，招来了纷至沓来的嘲笑，被人交口称誉的日子一去不复返了。吴承恩约20岁时，与同乡一位姓叶的姑娘结婚，婚后感情融洽，吴承恩虽然狂放不羁，但他品行端正，忠于自己的妻室。嘉靖十年，吴承恩在府学岁考和科考中获得了优异成绩，取得了科举生员的资格，与朋友结伴去南京应乡试。然而才华不如他的同伴考取了，他这位誉满乡里的才子却名落孙山，第二年春天，他的父亲怀着遗憾去世了。接受初次失败的教训，吴承恩在以后三年内，专心致志地在时文上下了一番苦功，嘉靖十三年秋的考试中却仍然没有考中。吴承恩羞恨交加，这年冬天病倒了。两次乡试的失利，再加上父亲的去世，对吴承恩的打击是沉重的，在他看来，考不中举人，不仅花费大量钱财，而且愧对父母，有负先人。但他并不以为自己没考取是没本事，而只是命运不济。

他想扭转乾坤，但是怀才不遇，壮志未酬，只能空怀慷慨、临风叹息。后来一度的生活困顿给吴承恩带来的压力并不小于科考的失利。父亲去世以后，他需要操持全家的所有开支，但他却没有支撑门户的能力，更没有养家活口的手段。家中生活来源，除了每月从学府里领回六斗米外，只能坐食父亲所留遗产了。品尝了社会人生酸甜苦辣的吴承恩，开始更加清醒深沉地考虑社会人生的问题，并且用自己的诗文向不合理的社会进行抗争。

嘉靖二十九年，45岁左右的吴承恩谋取功名的一番抱负还是没有实现。按照明代的科举制度，凡是取得秀才资格满了一定年限而又屡应乡试落榜，一律由学政（主持全省文教的最高官员）将他姓名报送朝廷，听候适当安排，叫做“入贡”。于是，吴承恩成了一名岁贡生，等京城听候朝廷授职或者安排其他的出路。在北京等候了两个多月的吴承恩，结果大失所望，他没有得到官职，却被安排到南京国子监读书。此后十多年，直到吴承恩59岁的时候，他一直在南京国子监肄业。到60岁左右，吴承恩才得了个长兴县丞（正八品）的官职，相当于一个副县长。因吴承恩生来刚正不阿，当然不适应黑暗时代官场的那一套，仅仅做了一年多时间的县丞，就大大惹恼了上司，被诬陷为贪污受贿而革职拘禁，不久案情大白，得以释放。后来，朝廷补授吴承恩为荆府纪善，为正八品官员，在荆王府里当教师。时间不长，因年老有病，吴承恩便辞官回家，回家后，吴承恩潜心整理文稿和著述，终于写成了惊世骇俗的文学名著《西游记》。从30岁开始，他搜求的奇闻有了创作的打算，到50岁左右，他写了《西游记》的前十几回，后来因故中断了多年，直到晚年辞官离任回到故里，他才得以最后完成《西游记》的创作。

吴承恩是一个伟大的文学家，一生的著作极其丰富，但是因为“家贫无子”，绝大部分已散失了，现存的著作除了驰名世界的《西游记》和一部诗文集《射阳先生存稿》存世外，另外还有他写的一部短篇小说《禹鼎志》，编辑的一部词集《花草新编》，其他均已失传。吴承恩散失的文稿，是现在世传存稿的十倍，也可能百倍。

《西游记》已被译为二十多个国家的文字，外国翻译家把《西游记》的书名翻译成五花八门，有的译为《猴与猪》，有的译为《神魔历险记》，有的译为《中国的仙境》，有的就直接译为《猴子》。国外人们认为《西游记》里孙悟空、猪八戒写得生动有趣，对这两个人物情有独钟，唐僧、沙僧写得苍白无力，对这两个人物不屑一顾。《西游记》在中国文学史上，被誉为“四大奇书”之一，成为世界文坛瑰宝。

【专家品析】

吴承恩杰出的长篇神魔小说《西游记》以唐代玄奘和尚赴西天取经的经历为蓝本，在《大唐西域记》、《大唐慈恩寺三藏法师传》等作品的基础上，经过整理、构思最终写定。

作品借助神话人物抒发了吴承恩对现实的不满和改变现实的愿望，折射出他渴望建立“君贤神明”的王道之国的政治理想。小说借助唐僧师徒在取经路上经历的八十一难折射出人间现实社会的种种情况。小说想象大胆，构思新奇，在人物塑造上采用人、神、兽三位一体的塑造方法，创造出孙悟空，猪八戒等不朽的艺术形象。全书组织严密，繁而不乱，语言活泼生动且夹杂方言俗语，富于生活气息。主题上冲淡了故事原有的宗教色彩，大大丰富了作品的现实内容，具有民主倾向和时代特点。作品讽刺幽默，呈现出不同于以往取经故事的独特风格。

【代表作品】

《西游记》是古代长篇小说浪漫主义的高峰，在世界文学史上，它也是浪漫主义的杰作。《美国大百科全书》认为它是“一部具有丰富内容和光辉思想的神话小说”，《法国大百科全书》说：“全书故事的描写充满幽默和风趣，给读者以浓厚的兴味。”从19世纪开始，它被翻译为日、英、法、德、俄等十来种文字流行于世。

35 震川文集，明文第一（归有光•明）

【生平简介】

姓名：归有光。

别名：字熙甫，又字开甫，别号震川。

出生地：昆山（今江苏昆山）。

生卒年：公元1506—1571年。

身份：散文家。

主要成就：博采唐宋诸家之长，把日常生活中的琐事引入古文中来，为散文的发展开辟了一片新的境界。

【名家推介】

归有光（公元1506—1571），明代散文家、文学家、古文家。字熙甫，又字开甫，别号震川，明代昆山（今江苏昆山）人，后徙居嘉定（今上海嘉定）。他是“唐宋八大家”与清代“桐城派”之间的桥梁，他的散文被称作“明文第一”，有“今之欧阳修”的赞誉，世称“震川先生”。

文学上，归有光以散文创作为主，其散文继承欧阳修的文风，文风朴实自然，浑然天成，无故意雕凿痕迹，是我国明代散文大家。著有《震川集》、《三吴水利录》、《项脊轩志》等。

【名家故事】

归有光八岁时，年仅25岁的母亲就丢下三子两女与世长辞，父亲是个穷县学生，家境破落。也许就是这种困境，迫使年幼的归有光过早地懂得了人间忧难，开始奋发攻读。14岁应童子试，20岁考了个第一名，补苏州府学生员，同年到南京参加乡试。开始时对举业满怀信心，可是，乡试却连连落第，五上南京，五次无名，寒窗十五载，35岁时才以第二名中举。

此时的归有光已是纵观三代两汉之文，遍览诸子百家，上自九经二十一史，下至农圃医卜之类无所不精。归有光的古文和俞仲蔚的诗歌、张子宾的制艺被誉为当时“昆山三绝”。当时主试江南的张文毅称呼归有光是“贾（谊）、董（仲舒）再世”。以归有光的才学和声望，考取进士应是胜券在握了。在乡试高中的同年冬天，归有光雇上车马日夜兼程北上，准备应第二年的礼部会试。谁知这次会试还是名落孙山。南下还乡后，他移居就近的嘉定安亭江上，开始了一边读书应试，一边谈道讲学的生涯。四方学士纷纷慕名而来，少时十几人，多时百余人。归有光的家境一直困贫，全靠妻子王氏料理家事维持生计。在安亭期间，归有光专心讲学，纵论文史，谈经说道，一时间弟子满门，海内学者文士皆称归有光为震川先生。 震川先生名扬海内，连恃才居傲的徐文长对归有光也肃然起敬。然而归有光的命运却是困顿不堪。三年一次的会试，次次远涉千里而去，一连八次都是落第而归。43岁失去了最心爱的长子，时隔一年，又失去了任劳任怨、与己分忧的妻子王氏。仕途的坎坷把这位名扬海内的古文家长期抛弃在荒江僻壤上，加之失子丧妻的哀痛，使他的生活更加艰难。

此期间明穆宗尚未登位。穆宗身边的一位宠幸的宦官仰慕归有光之名，让侄子拜归有光为师，并几次让归有光进京私谒这位宦官，都被归有光断然拒绝。穆宗登位后，这位宦官权势更大，归有光仍然绝不和他往来。归有光耿直正派、不事权贵的品格，表现在他整个人生的各个方面。在古文领域里，他始终坚持己见，不为群言所惑，敢于与当时统治文坛的权威相抗争。

嘉靖四十四年，归有光第九次参加会试时终于中了个三甲进士，这时年已60岁。满腹诗文经义、一心想为国出力的归有光虽年已花甲，壮志依旧未衰。因为是三甲，不能授馆职，只能到僻远的长兴当知县。长兴地处山区，长期没有知县，大小事务都由胥吏把持，豪门大族勾结官府为非作歹，监狱里关满了无辜的百姓，盗贼横行，民间鸡犬不宁。当时有人劝归有光不要去上任，但他却毅然前往。他到长兴后的第一件事就是兴办学校，培养人才。第二件事是整治恶吏，平反冤狱。把无辜获死罪的三十余人释放出狱，为无辜受诬入狱的一百零七人平了反，把鱼肉百姓的恶吏和捕卒快手严加法办。每次审判听讼都让妇女儿童环立案前，不用官话而用吴语审讯，以便百姓申诉。常常当堂决断，而极少具狱。归有光一心想学习两汉循吏，做廉洁刚正之官。在长兴的短短两年中，归有光实实在在为百姓做了几件好事，深受百姓拥戴。隆庆二年，63岁的归有光升任顺德通判，一到任上还是兢兢业业，一丝不苟。他利用马政通判的清闲，广阅史籍，采访掌故，修了一部完备的《马政志》。隆庆四年，归有光到北京朝贺万寿节，同年升为南京太仆寺寺丞，但仍然留在北京掌内阁制敕房，纂修《世宗实录》。时来运转的是自己能进内阁藏书楼，读到内阁所藏异书。不幸，正在这大开眼界准备显露自己的才华，以完成平生之愿的时候，却被病魔缠身。他虽然带病坚持了一段时间，但终于在第二年抱恨死于北京，时年66岁。

归有光一生著作很多，涉及经史子集各领域，但是其主要成就则在散文创作上。博采唐宋诸家之长，继承了唐宋古文运动的传统，同时又在唐宋古文运动的基础上有所发展。他进一步扩大了散文的题材，把日常生活中的琐事引入古文中来，使之更密切地和生活联系起来。这样，就容易使文章写得情真意切，平易近人，给人以清新之感。尤其是一些叙述家庭琐事或亲旧的生死聚散的短文，写得朴素简洁、悱恻动人。几百年来，人们读到归有光的这些叙事散文，就像一泓甘甜的泉水沁人心脾，给人以美的享受，为散文的发展开辟了一片新的境界。归有光善于捕捉生活中貌视十分平常的细节和场面，寥寥几笔，形神即现，给人难忘的印象，且在平淡简朴的笔墨中，饱含着感人至深的真挚感情。

【专家品析】

归有光的作品以散文为主，《项脊轩志》是他的名篇，文章借项脊轩的兴废，写出与之有关的家庭琐事，表达人亡物在、三世变迁的感慨，也表达了他怀念祖母、母亲和妻子的感情。

归有光的散文理论论述了文章的起源、特性和功用，地位和价值，继承和发展，创作的独创性，作者的修养等问题，它揭示了文章的以自我表现为中心的巨大表现力；强调文章的生命力能与历史社会共生长相始终，其地位和价值取决于自身的贡献，而非权势所能支配；继承和发展散文要有“自知”、“自得”；为文要勇于独创，自抒己见；作者应努力扩展生活阅历，涤除不良习气。这些主张对明清散文的进一步发展都有过良好影响。

【代表作品】

归有光的作品有《震川集》、《三吴水利录》、《项脊轩志》等。其中《项脊轩志》是归有光散文的代表作，用几件小事表达了唯真、朴素、简洁的为官作风。文章寄情于叙事之中，情之真，意之切，读者无不为之动容，具有大家风范。

36 戏曲名家，牡丹亭记（汤显祖·明）

【生平简介】

姓名：汤显祖。

字：义仍。

出生地：江西临川。

生卒年：公元1550—1616年。

身份：戏曲家。

主要成就：戏曲创作。

【名家推介】

汤显祖（公元1550—1616），字义仍，号海若、若士、自号清远道人，别号玉茗堂主人，江西临川人。

他是中国明代戏曲家、文学家。在戏曲创作方面，反对拟古和拘泥于格律，创作了戏曲《牡丹亭》、《邯郸记》、《南柯记》、《紫钗记》，合称《玉茗堂四梦》，以《牡丹亭》最著名。在戏曲史上，和关汉卿、王实甫齐名，在中国乃至世界文学史上都有着重要的地位，被誉为“东方的莎士比亚”。

【名家故事】

汤显祖天资聪慧，从小受家庭熏陶，勤奋好学。5岁时进家塾读书，12岁能诗，13岁与徐良傅学古文词，21岁中了举人。按他的才学，在仕途上可以说应该能步步登高才对。但是，随着整个明代社会的堕落，科举制度也越来越腐败，考试成了上层统治集团营私舞弊的幕后交易，成为确定贵族子弟世袭地位的骗局，而不以才学论人。万历五年、万历八年两次会试，当朝首辅张居正要安排他的几个儿子中进士，为遮掩世人耳目，又想找几个有真才实学的人作陪衬。他打听到最有名望的举人无过于汤显祖和沈懋学等人，就派了自己的叔父去笼络他们，声言只要肯同宰相合作，许诺要他们几个一定能中在头几名。以宰相之威势，加以许多人梦寐以求的诱惑，沈懋学等出卖了自己，果然中了高科；但汤显祖却洁身自好，不为所动。他虽然并不反对张居正的政治改革，但作为一个正直的知识分子，他憎恶这种腐败的风气，因而先后两次都拒绝了招揽。

结果是可想而知的，汤显祖名落孙山。而且，在张居正当权的年月里，他永远落第了。但是，汤显祖却以高尚的人格和洁白的操守，得到有志人士的称赞。张居正死后，张四维、申时行相继为相，他们也曾许他以翰林的地位拉拢汤显祖，他都一一拒绝了。34岁，汤显祖以极低的名次中了进士，布满荆棘的仕途从此开始。他先在北京礼观政，次年以七品官到南京任太常寺博士。一住七年，自永乐以来，南京是明朝的留都。虽各部衙门俱全，实际上毫无权力，形同虚设，太常寺更是其中的闲职。

万历十九年，汤显祖在南京礼部祠祭司主事的任上，上了一篇《论辅臣科臣疏》，严词弹劾首辅申时行和科臣杨文举、胡汝宁，揭露他们窃盗威柄、贪赃枉法、克扣饥民的罪行，疏文对万历登基二十年的政治都作了抨击。疏文一出，神宗大怒，一道圣旨就把汤显祖放逐到雷州半岛的徐闻县为典史。一年后遇赦，内迁为浙江遂昌知县。在遂昌他治理有方，深受百姓拥戴。他有时下乡劝农，这种古循吏的作风，终于使浙中这块僻瘠之地大为改观，桑麻牛畜都兴旺起来。也许汤显祖是把这里当做他的理想王国了，在上述善政之外，竟然擅自放监狱中的囚犯回家过年，元宵节让他们上街观灯，为实施自己的政治主张一无顾忌，这使他的政敌终于抓住了把柄，待考核官员的时机一到，他们就出来暗语中伤。汤显祖自然知道有人想赶走他，万历二十六年，听说朝廷将派税使来遂昌扰民，他不堪忍受，便不待别人攻击，给吏部递了辞呈，他也不等批准，就扬长而去，回到家乡。后来，吏部和都察院以“浮躁”为由正式给他一个罢职闲住的处分。汤显祖离遂昌任上后，曾在临川和李贽相见。李贽后来在狱中自杀后，汤显祖作诗哀悼。他还推崇反理学的达观禅师，称李贽和达观是一“雄”、一“杰”，他们的影响在很大程度上构成了汤显祖在创作中表现出来的揭露腐败政治、反对程朱理学和追求个性解放的思想基础。

汤显祖一生蔑视封建权贵，常得罪名人。晚年淡泊守贫，不肯与郡县官合作，这种性格作风使他和畅行气节、抨击当时腐败政治的东林党人顾宪成、邹元标等交往密切，汤显祖的这种性格特点在作品中也有明显反映。

汤显祖少年时和罗汝芳学习，罗汝芳是泰州学派王艮的三传弟子，这一学派继承了王守仁哲学思想中的有积极意义的部分，加以发展，又称“左派王学”。这个学派抨击程朱理学，怀疑封建教条，反对束缚个性。

万历年间左派王学的最突出代表人物是李贽。在文学思想上，汤显祖与公安派反复古思潮相呼应，明确提出文学创作首先要“立意”的主张，把思想内容放在首位，这些思想在他的作品中都得到了具体体现。

汤显祖虽然也创作过诗文等，但成就最高的还是戏曲，他是中国古代继关汉卿之后的又一位伟大的戏剧家。他的戏剧创作现存主要有五种，即“玉茗堂四梦”（或称“临川四梦”）及《紫箫记》。“玉茗堂四梦”即《紫钗记》、《牡丹亭》、《邯郸记》、《南柯记》。这四部作品中，汤显祖最得意、影响最大的当数《牡丹亭》。

【专家品析】

汤显祖不仅不畏惧权势，而且当复古文学思潮笼罩海内时，他有主见，绝不随波逐流。这不是说汤显祖有一种先天性的反抗性格，这实际上是他接受古代优秀的文化思想，特别是在当时历史条件下接受了资本主义萌芽时期反理学、反传统、反专制的思想影响的结果。

汤显祖在当时和后世都有很大影响。即使是认为他用韵任意、不讲究曲律的评论家，也几乎无一不称赞《牡丹亭》。

【代表作品】

在汤显祖多方面的成就中，以戏曲创作为最，其戏剧作品《牡丹亭》、《紫钗记》、《南柯记》和《邯郸记》合称“临川四梦”，又称“玉茗堂四梦”，其中《牡丹亭》是他的代表作。其诗作有《玉茗堂全集》四卷、《红泉逸草》一卷，《问棘邮草》两卷。

37 三言通俗，文字独异（冯梦龙·明）

【生平简介】

姓名：冯梦龙。

别名：龙子犹、墨憨斋主人。

出生地：苏州府吴县长洲（今苏州）。

生卒年：公元1574—1646年。

身份：作家。

主要成就：更定传奇，修订词谱，以及在戏曲创作和表演上提出主张。

【名家推介】

冯梦龙（公元1574—1646），字犹龙，又字子犹，号龙子犹、墨憨斋主人、顾曲散人、吴下词奴、姑苏词奴、前周柱史等，汉族，苏州府吴县（今江苏省苏州市）人。明代文学家、戏曲家。

他的作品比较强调感情和行为，最有名的作品为《古今小说》（《喻世明言》）、《警世通言》、《醒世恒言》，合称“三言”。三言与凌濛初的《初刻拍案惊奇》、《二刻拍案惊奇》合称“三言两拍”，是中国白话短篇小说的经典代表。冯梦龙以其对小说、戏曲、民歌、笑话等通俗文学的创作、搜集、整理、编辑，为我国文学做出了独异的贡献。

【名家故事】

冯梦龙一生有涉及面如此广，数量如此多的著作，这除了和他本人的志趣和才华有关外，也和他一生的经历密不可分。他从小爱好读书，他的童年和青年时代与封建社会的许多读书人一样，把主要精力放在诵读经史考取科举上。

然而他的科举道路却十分坎坷，屡试不中，后来在家中著书。因为热恋一个叫侯慧卿的歌妓，与苏州的茶坊酒楼下层生活频繁接触，这为他熟悉民间文学提供了第一手的资料。他的《桂枝儿》、《山歌》民歌集就是在那时创作的。

直到崇祯三年，他57岁时，才补为贡生，次年破例被授任为丹徒训导，崇祯七年升任福建寿宁知县，四年以后回到家乡。天下动荡的局势中，在清兵南下时，冯梦龙还以70岁高龄，奔走反清，他除了积极进行宣传，刊行《中兴伟略》书籍之外，上疏陈述国家衰败之因，无奈江河日下，回天无力，于清顺治三年春忧愤而死，一说被清兵所杀。

冯梦龙所著“三言”中每个短篇小说集各四十篇，共一百二十篇，“三言”的内容很复杂，在优秀的话本中，主要表现以下几方面的内容。

(1) 通过动人的爱情故事，描写了被压迫妇女追求幸福生活的愿望，抨击了封建制度对妇女的压迫。《杜十娘怒沉百宝箱》是其中最优秀的一篇，也是明代话本中成就最高的作品。小说塑造了一个光辉的女性形象杜十娘。她是京城的“教坊名姬”，为了摆脱非人的境遇，她迫切要求过普通人的生活。她相信李甲的爱情后，便与贪酷的鸨母展开了种种斗争，终于凭借自己的机智，跳出了火坑。但在她和李甲一起回家的途中，李甲竟在金钱引诱和个人利害考虑下，把她出卖给富商孙富。十娘悲愤填膺，痛骂李甲之后，就抱持宝匣，投身于滚滚波涛之中，用自己的青春和生命，控诉了这个罪恶的社会，维持了她对爱情的理想。小说写十娘投江之后，旁观的人皆咬牙切齿，都想拳殴李甲和孙富，反映了人民对这些纨绔子弟和市侩的憎恨；同时也表现了作者的鲜明爱憎。《玉堂春落难逢夫》，通过妓女玉堂春和贵族公子王景隆之间一段悲欢离合的故事，反映了下层妇女被人摧残的悲惨境遇；《宋小官团圆破毡笠》，赞扬了刘宜春对宋金的坚贞不渝的爱情；《金玉奴棒打薄情郎》，批判了莫稽的富贵易妻；都是影响较大的作品。

(2) 描写封建统治阶级内容斗争，表现了人民对封建统治者罪恶的愤怒谴责。明中叶后，封建统治阶级更趋腐朽，统治集团内部的斗争也更为激烈，这是产生这些作品的现实土壤。《沈小霞相会出师表》就是直接反映当时统治阶级内部忠奸斗争的作品，小说写忠言直谏、嫉恶如仇的沈链和权奸严嵩父子及其党羽之间的斗争，基本情节都有史实依据，小说热情地歌颂了支援沈莲父子斗争的贾石和冯主事，又塑造了沈小霞有见识、有才干的妇女的形象，在危难中协助丈夫机智地逃出了解差的手掌。《灌园叟晚逢仙女》写一个庄稼汉出身名叫秋先的老者，酷爱栽花种果，他有满园的奇花异草，人都叫他花痴，恶霸张委想霸占这座花园，初说买，后来要他送，并趁着酒性，任意折损花木，践踏花圃。后来在花神的帮助下，使落花返枝，更增鲜艳。张委就此诬告他为妖人，形成冤狱，最后又仰仗花神的力量，惩治了恶霸，救出了秋先。作品反映的虽然不是封建统治阶级内部的斗争，但对封建统治者的揭露和批判却极为深刻，小说中出现的浪漫主义情节，正是表达了当时人民群众反抗封建压迫的意志。

(3) 歌颂友谊，斥责背信弃义的行为。这类作品的大批出现，说明了当时政治的黑暗，社会风气的恶劣，也反映了明朝中叶后城市工商业的繁荣，市民阶层的壮大。这些作品中所描写的“友谊”的内容，虽然还不能算是新的东西，但体现这种“友谊”的主人公并不局限于封建文人，出现了手工业者，这是一种新的现象，在一定程度上反映了时代的特征。在《乔太守乱点鸳鸯谱》、《张廷秀逃生救父》、《一文钱小隙造奇冤》等作品中表现得很突出。而“三言”在细节描写和人物内心活动的刻画上，更趋于丰富、细腻。

综合冯梦龙的小说创作，他的文学主张主要有下面三点：

第一，冯梦龙在文学上主张“情真”。他重感情，认为情是沟通人与人之间最可贵的东西，甚至提出要设立一种“情教”，用它取代其他的宗教。情真、事真、理真是冯梦龙在各种文学形式中反复提到的，是他追求的总目标，有很高的理论价值。

第二，他虽然不反对文言小说，他的《情史》便收集了很多文言作品，但他更强调文学作品的通俗性，作品通俗易懂才具有强烈的艺术感染力。

第三，冯梦龙主张文学有教化作用，而且主张把社会教化的内容和通俗易懂的形式结合起来。

【专家品析】

冯梦龙编选的“三言”代表了明代话本的成就，是中国古代白话短篇小说的宝库。“三言”各四十篇，共一百二十篇，较多地涉及市民阶层的经济活动，表现了小生产者之间的友谊；也有一些宣扬封建伦理纲常、神仙道化的作品；其中表现恋爱婚姻的占很大比例。冯梦龙在小说、戏曲、文艺理论上都做出了杰出贡献，在文学史上具有重要的地位。

冯梦龙所编纂的这些书，从出版学的角度来看，有一个共同的重要特点就是注重实用。他的那些记录以及历史事件的著作在当时具有很强的新闻性；他的那些解说经书的辅导教材受到科举士子们的欢迎；他的那些供市井百姓阅读的话本、长篇、小说类书，以及剧本民歌、笑话等有更大的读者群，为书商带来了巨大的利润。这也使冯梦龙的编辑工作，具有一定的近代市场经济下出版业的特色。

【代表作品】

冯梦龙勤于著作，作品总数超过五十种。编选的“三言”代表了明代拟话本的成就，是中国古代白话短篇小说的宝库。《智囊》、《古今谈概》、《情史》三部书，可谓冯梦龙在“三言”之外的又一个“三部曲”系列的小说类书。

㊳ 旅游指南，霞客游记（徐弘祖·明）

【生平简介】

姓名：徐宏祖。

别名：徐霞客。

出生地：江苏江阴市。

生卒年：公元1587—1641年。

身份：地理学家。

主要成就：用散文的方式记述地理奇观，古今第一人。

【名家推介】

徐霞客（公元1587—1641），名弘祖，字振之，号霞客，汉族，明南直隶江阴（今江苏江阴市）人。伟大的地理学家、旅行家、探险家、散文家和文学家。

他自22岁起出游，三十余年间游历了今日的江苏、浙江、山东、河北、山西、陕西、河南、安徽、江西、福建、广东、广西、湖南、湖北、贵州、云南和北京、天津、上海等十九个省、市、自治区。他经历艰辛万苦，将自己的观察所得，以日记的形式，把地理形成、水文、地质、植物等做了详细记录，死后由季梦良整理成《徐霞客游记》传于后世。

【名家故事】

从22岁起，徐霞客开始了游历考察生涯，三十多年间，他先后四次进行了长距离的跋涉。徐霞客在完全没有政府资助的情况下，先后游历了十九个省、市、自治区，东到浙江的普陀山，西到云南的腾冲，南到广西南宁一带，北至天津蓟县的盘山，足迹遍及大半个中国。

更可贵的是，在三十多年的旅行考察中，他主要是靠徒步跋涉，连骑马乘船都很少，还经常自己背着行李赶路。他寻访的地方，多是荒凉的穷乡僻壤，或是人迹罕见的边疆地区。他不避风雨，不怕虎狼，与长风为伍，与云雾为伴，以野果充饥，以清泉解渴。他几次遇到生命危险，出生入死，尝尽了旅途的艰辛。

徐霞客在游历考察过程中，曾经三次遭遇强盗，四次绝粮。传说中的湘江遇盗、跳水脱险的事，是他51岁时的第四次出游。这次出游，他计划考察湖南、湖北、广西、贵州、云南等地。出游不久，就在湘江遇到强盗，他的一个同伴受伤，他的行李、旅费被洗劫一空，他自己也险些丧命。当时，有人劝他不如回去，并要资助他回乡的路费，但他却坚定地说："我带着一把铁锹来，什么地方不可以埋我的尸骨呀！"徐霞客继续顽强地向前走去，没有粮食了，他就用身上带的绸巾去换几竹筒米，没有旅费了，就用身上穿的夹衣、袜子、裤子去换几个钱。重重的困难被他踩在脚下，他终于达到了自己的目的。

还有一次，那是一个雨后的夜晚，在湘水之中停泊的一艘客船上，乘客们在连日阴雨之后，看到了皎洁的明月，观赏月光下的山形水色，精神顿觉爽朗异常。正当乘客们尽兴之后上床休息时，忽然喊杀声骤起，一群强盗窜上船来，一时火炬乱晃，刀光剑影交错，大难降临船上。这时，只见一个人飞身跳入水中，逆流而行，躲进了别的船里。这个跳水的人，年约五十开外，身材修长，看上去精力旺盛，行动敏捷。他就是徐霞客。

28岁那年，他来到温州攀登雁荡山。他想起古书上说的雁荡山顶有个大湖，就决定爬到山顶去看看。当他艰难地爬到山顶时，只见山脊笔直，简直无处下脚，怎么能有湖呢？可是，徐霞客仍不肯罢休，继续前行到一个大悬崖，路没有了，他仔细观察悬崖，发现下面有个小小的平台，就用一条长长的布带子系在悬崖顶上的一块岩石上，然后抓住布带子悬空而下，到了小平台上才发现下面斗深百丈，无法下去，他只好抓住布带，脚蹬悬崖，吃力地往上爬，准备爬回崖顶。爬着爬着，突然间带子断了，幸好他机敏地抓住了一块突出的岩石，不然就会掉下深渊粉身碎骨。徐霞客把断了的带子结起来，又费力地向上攀援，终于爬上了崖顶。还有一次，他去黄山考察，途中遇到大雪，当地人告诉他有些地方积雪有齐腰深，看不到登山的路无法上去，徐霞客没有被吓住，他拄了一根铁杖探路，上到半山腰，山势越来越陡，山坡背阴的地方最难攀登，路上结了坚冰，又陡又滑，脚踩上去就滑下来。徐霞客就用铁杖在冰上凿坑，脚踩着坑一步一步地缓慢攀登，终于爬了上去。山上的僧人看到他都十分惊奇，因为他们被大雪困在山上已经好几个月了。他还走过福建武夷山的三条险径：大王峰的百丈危梯，白云岩的千仞绝壁和接笋峰的“鸡胸”、“龙脊”。在他登上大王峰时，已是日头将落，下山寻路也找不到，他就用手抓住攀悬的荆棘，“乱坠而下”。他在中岳嵩山，从太室绝顶上也是顺着山峡往下悬溜下来的。徐霞客惊人的游迹，的确可以说明他是一位千古奇人。

徐霞客在跋涉一天之后，无论多么疲劳，无论在什么地方住宿，他都坚持把自己考察的收获记录下来，他写下的游记有二百六十多万字，可惜大多失散了，留下来的经过后人整理成书，就是著名的《徐霞客游记》。这部书是把科学和文学融合在一起的一大“奇书”。

徐霞客最后一次出游是在1636年，这次他主要游历了我国的西南地区，一直到达中缅交界的腾越（今云南腾冲），到1640年重新返回家乡。他回乡不久就病倒了，他在病中还翻看自己收集的岩石标本，临死前，他手里还紧紧地握着考察中带回的两块石头。

徐霞客，后世赞誉他为大旅行家、地理学家、文学家乃至史学家，徐霞客被称为“千古奇人”、《徐霞客游记》被誉为“千古奇书”。

【专家品析】

徐霞客的游历，并不是单纯为了寻奇访胜，更重要的是为了探索大自然的奥秘，寻找大自然的规律，徐霞客在山脉、水道、地质和地貌等方面的调查和研究都取得了超越前人的伟大成就。

徐霞客在地理科学上的贡献很多。除上述所说，他对火山、温泉等地热现象也都有考察研究，对气候的变化，对植物因地势高度不同而变化等自然现象，都作了认真的描述和考察。此外，他对农业、手工业、交通的状况，对各地的名胜古迹和少数民族的风土人情，也都有生动的描述和记载。《徐霞客游记》这部奇书，在文学上的价值也很高，篇篇都可以说是优美的散文。

【代表作品】

《徐霞客游记》开辟了地理学上系统观察自然、描述自然的新方向，既是系统考察中国地貌地质的地理名著，又是描绘华夏风景资源的旅游巨篇，还是文字优美的文学佳作，在国内外具有深远的影响。

39 著书立说，热衷公益（李渔•清）

【生平简介】

姓名：李渔。

别名：谪凡、笠翁。

出生地：浙江金华兰溪市夏李村。

生卒年：公元1611—1680年。

身份：戏剧家、文学家。

主要成就：戏剧批判和喜剧创作大师。

【名家推介】

李渔（公元1611—1680），初名仙侣，后改名渔，字谪凡，号笠翁，汉族，浙江金华人。明末清初文学家、戏曲家。

他是明朝秀才，入清后无意仕途，从事著述和指导戏剧演出。后居于南京，把居所命名为“芥子园”，并开设书铺，编刻图籍，广交达官贵人、文坛名流。著有《凰求凤》、《玉搔头》等戏剧，《觉世名言十二楼》、《无声戏》、《连城壁》等小说，著述为《闲情偶寄》等书。

【名家故事】

崇祯八年，李渔去金华参加童子试，一举成为名噪一时的五经童子。首战告捷，使李渔尝到了读书成名的甜头，他信心更足，读书也更加刻苦。崇祯十二年，29岁的李渔稳操胜券赴省城杭州参加乡试，他万万没有料到竟名落孙山。崇祯十五年，明王朝举行最后一次乡试，李渔再赴杭州应试，由于局势动荡，李渔途中返回兰溪。不久，社会局势发生了根本变化，清朝的铁骑横扫江南，明王朝已成风雨飘摇之势，国难当头，自己求取功名之路化为泡影，此时的李渔心灰意懒，惆怅不已。李渔归隐故乡后，非常关心村上的公益事业，以他为首在村口的大道旁修建了一座凉亭，取名为“且停亭”，并题联：“名乎利乎道路奔波休碌碌，来者往者溪山清静且停停。”此亭此联一直为后人传颂，被列为中国十大过路凉亭之一。他还倡修水利，改善了农田水利，他当年生活地方的村民至今受益。

他以旺盛的创作力，数年间连续写出了通俗易懂，贴近市民生活，寓教于乐，适合观众、读者的欣赏的数部小说，作品一问世，便畅销于市场，被争购一空。尤其是他的短篇小说集，更是受到读者的欢迎，成为抢手货。李渔称自已的作品是“新耳目之书”，故事新鲜，情节奇特，布局巧妙，语言生动。他的小说重在劝善惩恶，同情贫穷的下层人物，歌颂男女青年恋爱婚姻自主，谴责父母之命、媒妁之言，批判假道学为主题，具有一定反封建的进步意义。后人在评论他的小说成就时，称他的《无声戏》、《十二楼》两个短篇小说集是继冯梦龙、凌濛初的“三言”、“二拍”之后不可多得的优秀作品，是清代白话短篇小说中的上乘之作。

大约1662年前后，李渔告别了风景如画的西子湖，来到文人荟萃、虎踞龙盘的六朝古都金陵，开始了他文化事业上的全新时期。李渔先在金陵闸暂居了一段日子，后来自己买了一处房子，此时，李渔一家连同奴仆少说也有几十口人，为了维持一家人的衣食需求，他不得不与官吏打交道，以寻求他们的保护与馈赠。

李渔在金陵期间，结交了很多文友，他们中有雅慕李渔之才的，有自己喜爱舞文弄墨而与李渔相往来的，李渔居住金陵二十年，他以文会友，以戏会友，与整个社会有着广泛而频繁的接触，交游面极广。他曾经是《红楼梦》的作者曹雪芹的祖父曹寅成为忘年交；与《聊斋志异》作者蒲松龄一见如故，相见恨晚，互赠诗词。在与他交往的有文字记载的八百余人中，上至位高权重的宰相、尚书、大学士，下至三教九流、手工艺人，遍及十七个省，二百多个州县，可以说，他是中国古代文化人中交友最多、结交面最广的文人。众多的朋友，使李渔能自由往来于朝野文人之间，也使他增加了不少知识，懂得了许多人情世故，更为他的创作提供了丰富生动的文学素材。

为丰富知识，陶冶性情，向大自然汲取营养，李渔与古代许多文人一样，不仅读万卷书，而且行万里路。金陵期间他一方面为了生计，不得不四处奔走，交结官吏友人，以取得他们的馈赠和资助；另一方面，他每到一地，都要游览山水胜地，在长期的漫游中，他对大自然作了深入的观察研究，对各地风土人情作了详细的调查，不仅进一步孕育了自己对各方面艺术的情趣，而且获得了大量的第一手创作素材，经过他精炼细微的艺术加工，从而创作了大量的诗、词、曲、赋，既有写实抒情的，也有联想议论的，语言精炼，韵律优美，深得世人称颂。他还将这些从游历四方获得的素材移植到小说、戏曲创作艺术中去，为后人留下了一批丰富而弥足珍贵的文化遗产。

作为出版商，李渔那灵活的经营策略与经营理念，使他能牢牢把握住商机，左右开弓，把芥子园书铺经营得红红火火。他根据读者的心理和需要，除了出版自己创作的作品，还编辑出版了大量的通俗文学作品，如被他称之为“四大奇书”的《三国演义》、《水浒全传》、《西游记》、《红楼梦》等，编辑出版了《古今史略》、《尺牍初征》、《资治新书》、《千古奇闻》等一大批读者想看而买不到的书，由于芥子园印行的出版物工精价廉，重信誉，加之广告意识强，市场销路好，受到人们的欢迎。

后来李渔迁回杭州，芥子园屡换主人，但一直保持李渔优良的经营作风，成为清代著名的百年老店之一。书以人传，店以人名，随着岁月流逝，芥子园虽数易其主，但芥子园书铺仍然在不断运营，芥子园书铺不仅是清代为数极少的具有二百多年历史的老店，也是中国出版史上为数不多的历史悠久的“百年书铺”。

【专家品析】

李渔的戏曲论著《闲情偶寄》以结构、词采、音律、宾白、科译、格局六方面论述戏曲文学，以选剧、变调、授曲、教自、脱套五方面论说戏曲表演，对我国古代戏曲理论有较大的丰富和发展。《闲情偶寄》除戏曲理论外，还有饮食、营造、园艺等方面的内容，可见此书足能反映他的文艺修养和生活情趣。

李渔是中国戏剧史上第一个专门从事喜剧创作的作家，被后人推为“世界喜剧大师”。

【代表作品】

《闲情偶寄》是李渔对自己的生活所闻所见的事物的总结性的书，包含有对戏曲的看法、批评。它从舞台的实际出发，注重戏曲的结构、中心事件的选择安排等，是中国戏曲批评史上重要的著作之一。其中，还涉及生活中的饮食作卧等方面的审美感受等。

40 奇闻鬼怪，聊斋志异（蒲松龄•清）

【生平简介】

姓名：蒲松龄。

别名：柳泉居士、聊斋先生。

出生地：淄博市淄川区洪山镇蒲家庄。

生卒年：公元1640—1715年。

身份：文学家。

主要成就：收集整理了民间故事，志怪小说第一人。

【名家推介】

蒲松龄（公元1640—1715），字留仙，一字剑臣，号柳泉居士，世称聊斋先生，自称异史氏，现山东省淄博市淄川区洪山镇蒲家庄人，汉族。

他出生在败落的中小地主兼商人家庭。19岁应童子试，接连考取县、府、道三个第一，名震一时。补博士弟子员，以后屡试不第，直至71岁时才成岁贡生。为生活所迫，主要是在本县西铺村毕际友家做塾师近42年，直至61岁时才回家。1715年正月病逝，享年76岁。创作出著名的文言文短篇小说集《聊斋志异》。

【名家故事】

蒲松龄年轻的时候，生活不是很苦，因为他的父亲弃儒经商，家里是小康之家。在父亲的保护下，年轻的蒲松龄可以安心读书，跟朋友们搞诗社。但是好日子没过多久，因为他分家了，分家是因为家庭矛盾。蒲松龄的两个哥哥都是秀才，他这两个嫂子真是典型的母夜叉，为了一点儿鸡毛蒜皮的小事，经常把家里闹得鸡犬不宁，蒲松龄的父亲只好给儿子分家。

分家又分得很不公平，因为这两个嫂嫂又能打又能叫又能抢，而蒲松龄的妻子刘氏非常贤惠，沉默寡言躲在一边，分家的结果是蒲松龄分到农场老屋三间，破得连门都没有，蒲松龄只好借了门板安上。他分到了二十亩薄田，二百四十斤粮食，只够吃三个月。这样一来，蒲松龄就要自谋生路了，他于是开始了长达四十五年之久的私塾教师生涯。

在教书期间，蒲松龄还不断参加科举考试，屡试不中而屡败屡战。清苦的坐馆生涯，是蒲松龄为了养家糊口而做出的无奈选择，正是这大半生的寂寞生涯成全了他，也成全了《聊斋志异》的问世，使他得以在贫困的境况中摆脱柴米油盐等家庭琐事的干扰，拥有一个个安静的夜晚集中精力进行构思与创作。

经过几十年教书生涯和无数次科场失意后，康熙四十八年，古稀之年的蒲松龄终于从毕家回到家里。第二年，71岁的他按当时惯例成为贡生。贡生的身份对于年老的蒲松龄来说，已失去了仕途经济的意义，只有按例应发的贡银能带来些许安慰，减轻点生活负担，但县令却一再拖延，这令蒲松龄很恼火却也无可奈何。康熙五十四年正月，饱经风霜的老人溘然长逝。

《聊斋志异》是蒲松龄的代表作品，也是中国小说史上文言短篇小说的顶峰之作，正是因为《聊斋志异》的成功，才使得蒲松龄在中国文学史上享有崇高的地位。在《聊斋志异》中，蒲松龄以出神入化之笔，创造了一个神奇的聊斋世界。在这个世界里，花妖鬼狐、草木虫鱼都具备了可爱的灵性，它们不仅具有超凡的本领，而且能够自由地出入尘世；它们不仅追求飘逸洒脱的精神生活，而且追求俗世爱情、幸福的热情一点也不逊于凡人。然而，《聊斋志异》的成功，并不仅仅在于它的搜奇志异和谈鬼说狐，而是因为它描写了生活，揭露了现实，是因为它借鬼狐寄托了作者的孤愤，是因为它极具个性、与众不同的人物形象塑造，是因为它古雅简练、清新活泼的语言艺术，更是因为它在思想和艺术上所取得的成就。

《聊斋志异》深刻的社会价值以及对现实生活的重要影响，主要体现在三个方面：

一是对理想爱情的向往。爱情是文学永恒的主题，或许因为人世间的爱情易受红尘牵绊，蒲松龄才赋予鬼狐花妖以特殊的本领洞穿尘世间的诸多无奈，为理想的爱情不懈求索。

二是对科举制度的批判。科举制度的黑暗与不合理是蒲松龄终生不得志的根源之一，因而也是作者深恶痛绝的社会现象，所以蒲松龄才会用最激愤的语言、最怪异的事实，对科举制度给予了彻底的揭露。

三是对社会黑暗的揭露。蒲松龄长期生活于农村，虽然终生未能入仕，却做过短暂的幕僚，因此他对民生的疾苦、吏治的腐败、官场的黑暗都有深刻的感受。

除以上三大主题外，《聊斋志异》还记载了许多他耳闻目睹的奇闻异事，如地震、海啸、海市蜃楼、夏日飞雪等自然现象。还有一些反映社会伦理、家庭生活的作品，部分作品中虽不乏道德说教，但基本上都体现出对真善美的褒扬和对假恶丑的揭露批判，反映了作者进步的人性观。

《聊斋志异》虽为文言短篇小说集，但通俗易懂，没有古文生涩难懂的弊病，同时还收到了言简意丰的效果。其奥妙就在于《聊斋志异》吸收了大量的口语因素，增强了文言的表现力，因而才使它的语言既古雅简练，又清新活泼。无论是对环境的描写、还是对细节的叙述，无论是人物的塑造、抑或是场景的渲染，都绘声绘色，具有很高的艺术功力。

【专家品析】

中国古代最好的小说是哪一部？毫无疑问，白话长篇小说《红楼梦》。如果再问：哪部小说在艺术形式上和《红楼梦》不同，成就可以媲美？回答是：文言短篇小说集《聊斋志异》。聊斋红楼，一短一长，一文一白，形成中国古代小说的双峰。《聊斋志异》不仅是中国文学的骄傲，它还是世界文学中非常有影响的作品，经常让汉学家感到惊奇，它被后世称为世界短篇小说之王。

《聊斋志异》是一部浪漫主义作品。它的浪漫主义精神，主要表现在对正面理想人物的塑造上，特别是表现在由花妖狐魅变来的女性形象上。另外，也表现在对浪漫主义手法的运用上。蒲松龄善于运用梦境和上天入地、虚无变幻的大量虚构情节，冲破现实的束缚，表现自己的理想，解决现实中无法解决的矛盾。

【代表作品】

蒲松龄以毕生精力完成《聊斋志异》八卷，四十余万字。内容丰富多彩，故事多来自民间传说和野史轶闻，将花妖狐魅和幽冥世界的事物人格化、社会化，充分表达了作者的爱憎感情和美好理想。作品继承和发展了我国文学中志怪传奇文学的优秀传统和表现手法，情节幻异曲折，跌宕多变，文笔简练，叙次井然，被誉为我国古代文言短篇小说中成就最高的作品集。

41 儒林外史，鞭挞科举（吴敬梓•清）

【生平简介】

姓名：吴敬梓。

别名：敏轩、粒民。

出生地：安徽全椒。

生卒年：公元1701—1754年。

身份：文学家。

主要成就：创造了富有民族特色又极具个性的讽刺小说艺术。

【名家推介】

吴敬梓（公元1701—1754），字敏轩，一字文木，号粒民，晚年自称“文木老人”，清代小说家，汉族，安徽全椒人。

吴敬梓一生创作了大量的诗歌、散文和史学研究著作，著有《文木山房诗文集》十二卷，今存四卷。确立他在中国文学史上的杰出地位的是他创作的长篇讽刺小说《儒林外史》。《儒林外史》这部小说大约用了他近二十年的时间，直到他49岁时才完成。

【名家故事】

吴敬梓23岁时，继父去世，于是引来了一场家庭的财产纠纷，这件事不仅刺激了吴敬梓，使他看清了封建社会家族伦理道德的丑恶本质，认识了那些衣冠楚楚的豪绅人物的虚伪面目，使他和那些倚仗祖业和门第做寄生虫的庸俗人物分道扬镳。作为缙绅阶级的叛逆，于是他开始挥霍遗产，30岁以前，就将田产房产都消耗光了。

在家乡舆论的压力下，吴敬梓再也不愿在全椒生活下去，在33岁时移家南京，开始了他的卖文生涯。36岁那年，被推荐参加了预试，心灰意冷的他托病推辞，甘愿过贫困的生活，一直到最后客死在扬州。《儒林外史》的写作年代难以确定，但至少下半部是在吴敬梓定居南京以后陆续写成的。此外，吴敬梓一生还写了不少诗、词、文、赋，部分结集在今存的《文木山房集》中。他晚年著有《诗说》七卷，但未保留下来，那些作品的价值和影响都远远不能和《儒林外史》相比。

《儒林外史》表面上写明代生活，实际上展示了一幅18世纪中国社会的风俗画。它以封建士大夫的生活和精神状态为中心，从揭露科举制度以及在这个制度奴役下的士人丑恶的灵魂入手，进而讽刺了封建官吏的昏聩无能，地主豪绅的贪吝刻薄，附庸风雅的名士的虚伪卑劣，以及整个封建礼教制度的腐朽和不堪救药，以及城乡下层人民在这种社会秩序下灵魂被歪曲的样子。吴敬梓揭发了这些丑恶的人物和他们的关系，并通过具有说服力的艺术形象揭露了造成这些人物的社会制度，因而他的讽刺就给了封建社会以有力一击，小说也宣泄了他对善良人物的诚挚深厚的爱心，表明了艺术家爱憎分明的态度。

抨击腐蚀士人灵魂的八股取士制度，是《儒林外史》社会批判的主要方面，小说一开始就给读者展现了两个被科举制度塑捏得既可怜又可笑的人物——周进和范进。周进应考到60岁，胡子已经花白了，还是一个老童生，只得到薛家集去教村塾，受尽了新进秀才梅玖的奚落和举人王惠的卑视，最后连个教书的饭碗也保不住了。当他由于偶然的机会，去参观省城的贡院时，半生蕴蓄的辛酸逼使他不由得“一头撞在号板上，直僵僵不省人事”，苏醒后满地打滚，放声大哭，周进的故事侧重于写这个人物发科前后的命运。范进的故事除了描叙他本人的前后遭遇外，更着力于描写他命运的转变中围绕在他周围的人物的表现，吴敬梓在更大的范围里揭示了科举制度对社会各色人等的毒害。20岁起应考不举的范进，垂老才因周进的赏识，考取秀才并中了举，他的妻子、母亲、丈人胡屠户、乡绅张静斋，以及邻里乡党，立刻由憎厌变为谄谀。世态炎凉在这里被吴敬梓刻画得淋漓尽致，并且揭露了那些把八股文视为学问的精华、把科举制度当作道德规范的代表人物的本相。而这些道德家的操守，也只是打秋风、通关节、鱼肉人民、武断乡曲，而且愈贪酷，也就飞黄腾达得愈快。吴敬梓把那些科举出身的上层人物刻画得入木三分，通过对科举制度的抨击，揭出了这个乌烟瘴气的社会的痼疾所在。

吴敬梓不是一位愤世嫉俗的冷酷的作家。他在鞭挞这些社会寄生虫、揭露这个社会之所以有如此卑下的精神状态底蕴的同时，对社会下层的善良人物寄以深挚的同情和爱心。在《儒林外史》中，和尖刻的讽刺相辅相成，作者用酣畅饱满的抒情诗的笔调，歌颂了许多正直仁善的人物，倾注了对他们深挚的爱，这种对善良人物的热烈的爱慕，透露了他对生活的真挚的爱的本性。

《儒林外史》并没有一个或几个贯穿全书的主角，也没有起始完整的情节。由于吴敬梓塑造人物性格的卓越能力，他通过人物之间的辐射，前后人物和事件的呼应，呈现了纷沓的生活的本源状态，揭示了社会关系的本质，从而使《儒林外史》成为一部现实主义的杰作。

【专家品析】

吴敬梓一生经历了清朝康熙帝、雍正帝、乾隆帝三代。清朝统治者在镇压武装起义的同时，采用大兴文字狱，考八股、开科举以牢笼士人，提倡理学以统治思想等方法来对付知识分子。其中，以科举制度危害最深、影响最广，使许多知识分子堕入追求利禄的圈套，成为愚昧无知、卑鄙无耻的市侩。吴敬梓看透了这种黑暗的政治和腐朽的社会风气，所以他反对八股文，反对科举制度，他把这些观点反映在他的《儒林外史》里。他以讽刺的手法，对这些丑恶的事物进行了深刻的揭露和有力的批判，显示出他的民主主义的思想色彩。

《儒林外史》是中国叙事文学中讽刺艺术的高峰，它开创了一个以小说直接评价现实生活的范例，它的影响在中国封建社会处于崩溃期的十九世纪后半叶尤其显著。晚清的长篇小说，凡稍能吸引读者注意的，没有一种不受它的影响。《儒林外史》和比它稍晚的《红楼梦》，标志着中国长篇小说从内容到形式的成熟。《儒林外史》摆脱了传统小说才子佳人的香艳俗套，全书没有一个爱情故事，只依靠对生活和人物性格的真实的艺术塑造，取得巨大的生命力。

【代表作品】

《儒林外史》是我国文学史上一部杰出的现实主义的章回体长篇讽刺小说。有一个中心贯穿其间，那就是反对科举制度和封建礼教的毒害，讽刺因热衷功名富贵而造成的极端虚伪、恶劣的社会风习。这样的思想内容，在当时无疑是有其重大的现实意义和教育意义的。加上它那准确、生动、洗练的白话语言，栩栩如生的人物形象塑造，优美细腻的景物描写，出色的讽刺手法，艺术上也获得了巨大的成功。

42 一腔悲愤，赋予红楼（曹雪芹•清）

【生平简介】

姓名：曹雪芹。

字：梦阮；号：雪芹，名沾。

出生地：清代江宁府（今南京）。

生卒年：约公元1715—约1763年。

身份：小说家。

主要成就：创作出从古到今第一小说《红楼梦》。

【名家推介】

曹雪芹（约公元1715—约1763），内务府正白旗出身，名沾，字梦阮，号雪芹，又号芹溪、芹圃。清代小说家、著名满族文学家。

他出身于一个“百年望族”的大官僚地主家庭，后因家庭的衰败而饱尝了人生的辛酸。在人生的最后阶段，他以坚韧不拔的毅力，历经十年创作了《红楼梦》并专心致志地做了修订工作，死后遗留《红楼梦》前八十回稿子。另有《废艺斋集稿》传于后世。

【名家故事】

曹雪芹的曾祖曹玺曾任江宁织造，曾祖母孙氏做过康熙帝玄烨的保姆，祖父曹寅做过玄烨的伴读和御前侍卫，后任江宁织造，兼任两淮巡盐监察御使，极受玄烨宠信。玄烨六下江南，其中四次由曹寅负责接驾，并住在曹家。曹寅病故，其子曹颙、曹頫先后继任江宁织造。他们祖孙三代四人担任此职达五十八年之久。曹雪芹自幼就是在这秦淮风月之地的繁华生活中长大的。雍正初年，由于封建统治阶级内部政治斗争的牵连，曹家遭受一系列打击。曹頫以“行为不端”、“骚扰驿站”和“亏空”罪名革职，家产抄没。曹頫下狱治罪一年有余。这时，曹雪芹随着全家迁回北京居住，曹家从此一蹶不振，日渐衰微，经历了生活中的重大转折，曹雪芹深感世态炎凉，对封建社会有了更清醒、更深刻的认识。他蔑视权贵，远离官场，过着贫困如洗的艰难日子。晚年，曹雪芹移居北京西郊，生活更加穷苦，他以坚韧不拔的毅力，专心致志地从事《红楼梦》的写作和修订工作。

乾隆二十八年，曹雪芹幼子夭亡，他陷于过度的忧伤和悲痛，卧床不起。这一年的除夕，曹雪芹终于因贫病无医而逝世，享年40岁。曹雪芹性格傲岸，愤世嫉俗，豪放不羁，嗜酒，才气纵横，善于谈吐。曹雪芹是一位诗人。他的诗立意新奇；曹雪芹又是一位画家，喜绘突兀奇峭的石头，他画石头时寄托了胸中郁积着的不平之气，曹雪芹的最大的贡献还在于小说的创作。

他的小说《红楼梦》内容丰富，思想深刻，艺术精湛，是一部有高度思想性和高度艺术性的伟大作品，代表古典小说艺术的最高成就，也是中国古代四大名著之一。它以荣国府的日常生活为中心，以宝玉、黛玉、宝钗的爱情婚姻悲剧及大观园中点滴琐事为主线，以金陵贵族名门贾、史、王、薛四大家族由鼎盛走向衰亡的历史为暗线，展现了穷途末路的封建社会终将走向灭亡的必然趋势。并以其曲折隐晦的表现手法、凄凉深切的情感格调、强烈高远的思想底蕴，在我国古代民俗、封建制度、社会图景、建筑金石等各领域皆有不可替代的研究价值，达到我国古典小说的高峰，被誉为“我国封建社会的百科全书”。

贾宝玉是小说的中心人物。作为荣国府嫡派子孙，他聪明灵秀，是贾氏家族寄予厚望的继承人。但他的思想性格却促使他背叛了家庭，他性格的核心是平等待人，尊重个性，主张各人按照自己的意志自由生活。在他心里，人只有真假、善恶、美丑的划分。他憎恶和蔑视世俗男性，亲近和尊重处于被压迫地位的女性。为此，他憎恶自己出身的家庭，爱慕和亲近那些与他品性、情趣相投而出身地位寒微的人物。贾宝玉对个性自由的追求，集中表现在爱情婚姻方面，封建的婚姻要听从父母之命，取决于家族的利益，可是贾宝玉一心追求真挚的思想情谊，毫不顾及家族的利益。他和林黛玉相爱，是以含有深刻社会内容和深厚的思想感情为基础的，这种爱情与封建主义的矛盾，又推动他步步克服自身的劣点和弱点，日益发展他进步的、叛逆的思想性格。但他的思想并未达到否定君权、族权即封建主义统治权的高度。他无法与封建主义统治彻底决裂，又不可能放弃自己的民主主义思想要求，因而他的出路在现实中是不存在的，最后只能到虚无缥缈的超现实世界中去。

曹雪芹在写这部书时，用了“谐音寓意”的手法，他把贾家四姐妹命名为元春、迎春、探春、惜春，这是谐“原应叹息”的音；在贾宝玉神游太虚幻境时，警幻仙姑让他饮的茶“千红一窟”，是“千红一哭”的谐音，又让他饮“万艳同杯”的酒，这酒名是“万艳同悲”的谐音，这样的手法几乎贯穿了全书，读者应该慢慢去品味。

【专家品析】

小说《红楼梦》写贾宝玉、林黛玉、薛宝钗之间的爱情婚姻悲剧，从中表现了贾、王、史、薛四大家族的兴衰，揭示了封建社会末期渐趋崩溃的社会真实内幕，反映了那个时代对个性解放和人权平等的要求以及初步的民主主义精神。《红楼梦》运用现实主义创作手法，自然、逼真地叙述和描写了丰富的现实社会生活，塑造了一大批典型人物。

曹雪芹善于在日常生活矛盾中根据人物身分地位刻画人物，又善于以艺术氛围烘托人物内心情绪。他笔下的人物无一不是栩栩如生。在事件和人物的刻画上，他采用对比的方法，将美与丑、虚与实、统治与被统治的描写相互补充，创造出一个含蓄深沉、博大精深的艺术世界。语言简洁纯净，准确传神而多彩，达到炉火纯青的境界。书中诗词歌赋的运用，对人物塑造、情节展开起了很好的作用。《红楼梦》的光辉成就达到中国古典小说的顶峰，对后世家庭社会小说有极大影响。

【代表作品】

曹雪芹最大的贡献是创作了文学巨著《红楼梦》，该书原名《石头记》，基本定稿八十回，曾以手抄本流传。1791年，程伟元、高鹗第一次以活字版印刷出版，全书一百二十回，书名改为《红楼梦》。

43 养民为本，教养天下（刘鹗·清）

【生平简介】

姓名：刘鹗。

别名：鸿都百炼生。

出生地：江苏丹徒（今镇江市）。

生卒年：公元1857—1909年。

身份：小说家、艺术家。

主要成就：全方位通才，其中以讽刺小说《老残游记》备受世人赞誉。

【名家推介】

刘鹗（公元1857—1909），号老残。著作署名“鸿都百炼生”。汉族，江苏丹徒（今镇江市）人，寄籍山阳（今淮安楚州），清末小说家。

他被海内外学者誉为“小说家、诗人、哲学家、音乐家、医生、企业家、数学家、藏书家、古董收藏家、水利专家、慈善家”，是中国近代史上的“通才”。他所著《老残游记》备受世人赞誉，是十大古典白话长篇小说之一，又是中国四大讽刺小说之一。

【名家故事】

刘鹗出身官僚家庭，但不喜科场文字。他承袭家学，致力于数学、医学、水利、音乐、算学等实际学问，并纵览百家，喜欢收集书画碑帖、金石甲骨。

刘鹗早年科场不利，曾行医和经商。光绪十四年至二十一年，先后入河南巡抚吴大澄、山东巡抚张曜幕府，帮办治理黄河工程，成绩显著，被保荐到总理各国事务衙门，以知府任用。光绪二十三年，应外商福公司之聘，出任山西矿产经理。后又曾参与拟订河南矿务机关豫丰公司章程，并为福公司擘划开采四川麻哈金矿、浙江衢严温处四府煤铁矿，成为外商的买办和经纪人，为此有人说他是卖国贼。

即便如此"谤满天下"，刘鹗在当时还是有着很大的影响力。在政治上，他依靠父亲刘成忠和王文韶、李鸿藻的交往关系，和李鸿章、张曜的同僚关系，以及自己和李鸿章之子李经方、李经迈、王文韶之子王稚夔、王钧叔等人的良好关系，走通萧王善耆、庆王奕劻的门路，和一时号称清流的官吏如端方、徐琪、赵子衡、宗室的溥佟，以及梁启超等维新派人士有千丝万缕的联系。他的社会活动极其活跃，除了太谷学派同学之外，他和宋伯鲁、汪康年、方药雨、沉荩、狄楚青、大刀王五等人也是至交，先后参加了东文学社、农学会、保国会、救济会等社会团体。对外方面，由于福公司的关系，他和英国、意大利商人关系密切，同时，和日本驻华公使也有交往。他自己在北方掌握了天津《日日新闻》一张报纸，在南方则和上海的多家报纸均有紧密联系，足以左右一些舆论。有着这样复杂的国内外的背景，刘鹗虽仅有候补知府官衔，却无形中具有一定的社会势力，因而遭人所忌，后来被诬陷而流放。

刘鹗的父亲刘成忠善于河工算学，热衷于西方新兴的科学技术。刘鹗秉承家学，结合他1888年在河南、山东等地治理黄河的实践经验，写有《治河五说》、《三省黄河全图》、《历代黄河变迁图考》、《河工禀稿》等著作。其中，《治河五说》、《三省黄河全图》和《历代黄河变迁图考》，再加上算学著作《弧角三术》、《勾股天元草》，在刘鹗生前就被刊印成书，这五部著作，使刘鹗的治河业绩被统治者初步认可，并因学术渊源，通晓洋务得到重用。

光绪二十六年义和团起义，随之八国联军侵入北京，刘鹗从俄军处贱价购买太仓粮转卖给居民，赈济北京饥困，被弹劾私售仓粟。1908年，刘鹗在南京对岸的浦口购地准备开商埠，被控告是汉奸罪名，两事加在一起，他被发配新疆迪化（今乌鲁木齐），次年因脑溢血病死，死后归葬于江苏淮安。

概括刘鹗的一生有四件大事：一是河工，二是甲骨文字的辨认，三是开办山西的矿，四是贱买太仓米来赈济北京难民。刘鹗的另一件大事，即他还写过令他名垂青史的《老残游记》，奠定了他在文学史上的地位。

【专家品析】

刘鹗一生推行黄老思想“以教天下为己任”，而自承“以养天下为己任”。太谷学派之精神对刘鹗一生思想、行事及小说创作都有深刻的影响。

刘鹗生活在封建王朝统治即将彻底灭亡的前夕，一方面反对革命，同时也对清末残败的政治局势感到不安和悲愤。他要求澄清吏治，反对苛政扰民，以缓和阶级矛盾。在西方文明潮水般涌入的情况下，他开出的药方是借用外国资本兴办实业，筑路开矿，使民众摆脱贫困，国家逐步走向富强。

【代表作品】

《老残游记》是晚清四大谴责小说之一，是刘鹗的代表作，流传甚广。小说以一位走方郎中老残的游历为主线，对社会矛盾开掘很深，尤其是他在书中敢于直斥清官误国，清官害民，指出有时清官的昏庸并不比贪官好多少。这一点对清廷官场的批判是切中时弊、独具慧眼。

《老残游记》全书共二十回，光绪二十九年发表于《绣像小说》半月刊上，到十三回因故中止，后重载于天津《日日新闻》，原署名鸿都百炼生。

《老残游记》中老残是作品中体现刘鹗思想的正面人物。他“摇个串铃”浪迹江湖，以行医糊口，自甘淡泊，不入宦途。但是他关心国家和民族的命运，同情人民群众所遭受的痛苦，是非分明，而且侠胆义肠，尽其所能，解救一些人民疾苦。随着老残的足迹所至，可以清晰地看到清末山东一带社会生活的面貌。在这块风光如画、景色迷人的土地上，正发生着一系列惊心动魄的事件，封建官吏大逞淫威，肆意虐害百姓，造起一座人间活地狱。

《老残游记》的艺术成就在晚清小说里是比较突出，特别在语言运用方面更有其独特成就。在写景方面能做到自然逼真，有鲜明的色彩。书中千佛山的景致，桃花山的月夜，都明净、清新。在写王小玉唱大鼓时，作者更运用烘托手法和一连串生动而贴切的比喻，绘声绘色的描摹出来，给人以身临其境的感觉。所以鲁迅称赞它“叙景状物，时有可观”。

44 谴责小说，晚清高人（李宝嘉•清）

【生平简介】

姓名：李宝嘉。
别名：宝凯。
出生地：江苏常州。
生卒年：公元1867—1906年。
身份：小说家。
主要成就：多产作家，其中以谴责小说《官场现形记》备受世人赞誉。

【名家推介】

李宝嘉（公元1867—1906），又名宝凯，字伯元，别号南亭亭长，笔名游戏主人、讴歌变俗人等。汉族，江苏常州人，晚清小说家。

他是个多产的作家，他构思之敏，写作之快，是极为少见的。他先后写成《庚子国变弹词》、《官场现形记》、《文明小史》、《中国现在记》、《活地狱》、《海天鸿雪记》，以及《李莲英》、《海上繁华梦》、《南亭笔记》、《南亭四话》、《滑稽丛话》、《尘海妙品》、《奇书快睹》、《醒世缘弹词》等书十多种。其中《官场现形记》更是晚清谴责小说的代表作。

【名家故事】

李宝嘉的作品有《官场现形记》、《文明小史》、《中国现在记》、《活地狱》、《海天鸿雪记》以及《庚子国变弹词》等。

《官场现形记》最初于《世界繁华报》上连载，从光绪二十九年到光绪三十一年，共六十回。在此过程中，世界繁华报馆分五编，每编十二回陆续刊印单行本。《官场现形记》是李宝嘉的代表作，为晚清四大谴责小说之一。作品以官场为对象，着重揭露各种官僚的龌龊卑鄙、昏聩糊涂，集中暴露晚清官场的污浊，吏治的败坏，统治集团的腐朽。

《官场现形记》作品涉及的官僚十分广泛，外官从未入流的佐杂，到州府长吏、直至督抚方面大员；内官从小京官、到部司郎曹，直至位居中枢的军机、大学士。这些大大小小的官僚胥吏，为了升官发财，无不蝇营苟且，迎合、钻营、蒙混、罗掘、倾轧，极尽卑污苟贱手段。作品还揭露了统治阶级对帝国主义奴颜婢膝的丑态和丧权辱国的劣迹。外国人打死中国小孩子，当地官员迫于群众压力，将凶手判处监禁五年。而清政府的总理衙门，却按照同外国人打交道只有顺着他办的逻辑，竟依照外国公使的要求，将巡抚撤换，并由他们指定继任巡抚，这些描写充分地揭示出朝廷大小官吏惧怕外国人的无耻嘴脸。

《文明小史》是李宝嘉另一部重要创作，共六十回，署名“南亭亭长”著。原载光绪二十九年五月至光绪三十一年七月的《绣像小说》上，每回用“自在山民”评语。光绪三十二年商务印书馆出版单行本，分上下册。作品主要描写庚子年以后几年间，中国输入新文明时的社会各方面动态。它是《官场现形记》的姊妹篇，也以官场为主，但着重从维新与立宪的角度和官场对新政、新学的态度方面落笔，突出地反映了清政府实行“维新”、预备“立宪”时期官场与社会的真实情况，新旧思想的冲突，作品涉及的地域很广泛，包括全国主要省份，而且从通商城市到穷乡僻壤。反映的方面也很多，从内政到外交，从统治集团到人民群众，从假维新派到守旧党。官僚的惧外、媚外，洋人的挟势欺压，假维新派的投机以谋私利，官场对维新的敷衍搪塞，人民群众的自发斗争，无不收入其中。但把发动变法维新运动的康有为、梁启超，即小说中的安绍山、颜轶回也写成投机分子加以谑化，则与作者认为变法维新运动也属过激的立场有关。《文明小史》的结构方式与《官场现形记》略同，事随人物的转换起始。

《中国现在记》十二回，未完。最初连载于光绪三十年（1904）的《时报》，未署名，吴沃尧《李伯元传》中列有此书。作品用与《官场现形记》一样的写作手法，着重暴露了捐班出身的官吏种种贪污秽迹以及相互争夺倾轧的丑行。其中关于河政方面，揭露河工弊端，有许多局外人不知道的材料。

《活地狱》，共四十三回，未完，署“南亭亭长”著。连载于光绪二十九年至光绪三十二年的《绣像小说》半月刊，每回有“愿雨楼”评语。李宝嘉写至第三十九回因病重停笔。第四十回至四十二回为吴趼人所续，第四十三回为欧阳巨源所续。通篇用15个故事连缀而成，笔锋集中于司法制度，着重揭露州县衙门的暗无天日，书吏胥役的卑鄙无耻，监狱牢房以及种种酷刑的惨无人道，确是使人目不忍睹的活地狱，写出了广大群众横遭迫害的苦难。

【专家品析】

在晚清谴责小说创作方面，李宝嘉是一位多产而卓有成就的作家，他虽然寄希望于封建统治者的“觉悟”和改良，但痛切地看到社会政治的腐败，广泛运用讽刺手法，从各个不同的角度反映了清末封建社会的黑暗现实，特别是对清末官场的种种罪恶行径进行了有力的揭露与鞭挞，在晚清小说史上占有重要地位。鲁迅说清末的谴责小说以“南亭亭长与我佛山人名最著（《中国小说史略》）”。

【代表作品】

李宝嘉的《官场现形记》突出地反映了近代中国半封建、半殖民地社会的黑暗现实，多少触及了近代社会的主要矛盾、人民大众和封建主义的矛盾、中华民族和帝国主义的矛盾，书中所写不少有现实影子。《官场现形记》的问世，促进了人们对清王朝腐朽不堪的认识。由这部小说起，逐渐形成了晚清谴责小说的高潮，而描写如商界、学界、女界等“现形”之书也接踵而起。

㊺ 横眉冷对，俯首甘为（鲁迅•近代）

【生平简介】

姓名：周树人。

字：豫才。

出生地：浙江绍兴。

生卒年：公元1881—1936年。

身份：文学家、社会活动家。

主要成就：开启中国新文化运动的序幕，是中国文化革命的主将。

【名家推介】

鲁迅（公元1881—1936），原籍浙江绍兴，出身于没落的封建士大夫家庭，是中国伟大的文学家和思想家，中国现代文学的奠基人。原名周樟寿，字豫山，1892年进三味书屋改为豫才，1898年去南京求学取学名为周树人，1918年在《新青年》上发表《狂人日记》用笔名鲁迅。

【名家故事】

晚清末年，一般的读书人走的是三条道路：一条是读书做官的道路，当不上官的还可以去当某一个官僚的“幕友”（俗称“师爷”），倘若前两条道路都走不通，还可以去经商。鲁迅走的则是为当时人最看不起的另一条道路进“洋学堂”。这在当时的中国，是被一般人视为“把灵魂卖给洋鬼子”的下贱勾当。1898年，18岁的鲁迅，怀揣着慈母多方设法筹借的八块银元，离开家乡进了南京水师学堂，后来又改入南京路矿学堂。这两所学校都是洋务派为了富国强兵而兴办的，其中开设了数学、物理、化学等传授自然科学知识的课程。期间，鲁迅阅读了外国文学和社会科学方面的著作，开拓了视野。特别是严复翻译的英国人赫胥黎著的《天演论》，更给鲁迅以深刻的影响。

1902年，鲁迅东渡日本，开始在东京弘文学院补习日语，后来进入仙台医学专门学校选择学医，鲁迅想通过医学启发中国人的觉悟。但他的这种梦想并没有维持多久就被严酷的现实粉碎了，后来弃医从文。在日本留学期间，鲁迅初步形成了他的世界观和人生观，但是，鲁迅的思想不但为当时大多数中国人所无法理解，就是在留日学生中也很难得到广泛响应。他翻译的外国小说只能卖出几十册，他筹办的文学杂志也因缺乏资金而未能出版。家计的艰难使鲁迅不得不回国谋职。1909年，他从日本归国，先后在杭州浙江两级师范学堂和绍兴府中学堂任教员。

1911年的辛亥革命也曾使他感到一时的振奋，但接着是袁世凯称帝、张勋复辟等历史丑剧的不断上演，辛亥革命并没有改变中国沉滞落后的现实，社会的混乱、民族的灾难、个人婚姻生活的不幸，都使鲁迅感到苦闷、压抑。五四运动之后，他压抑已久的思想感情像熔岩一样通过文学作品猛烈喷发出来。在那时，他已经在教育部任职，并且随教育部一同迁居北京。

1918年5月，鲁迅先生在《新青年》杂志上首次以“鲁迅”为笔名发表了文学史上第一篇白话小说《狂人日记》，它奠定了新文化运动，推进了现代文学的发展。这篇小说，大胆揭露了人吃人的封建理念，向沉滞落后的中国社会大声疾呼：“救救孩子！”

鲁迅先生的小说作品数量不多，意义却十分重大。鲁迅把目光集中到社会最底层，描写这些底层人民的日常生活状况和精神状况。人生活在社会的最底层，最需要周围人的同情和怜悯、关心和爱护，但在缺乏真诚爱心的当时的中国社会中，人们给予他们的却是侮辱和歧视、冷漠和冷酷，这样的社会难道是一个正常的社会吗？这样的人际关系难道是合理的人际关系吗？人们生活在无爱的人间，深受生活的折磨，但他们彼此之间也缺乏真诚的同情，对自己同类的悲剧命运采取的是一种冷漠旁观甚至欣赏的态度，并通过欺侮比自己更弱小的人来宣泄自己受压迫、受欺侮时郁积的怨愤之气。鲁迅对他们的态度是“哀其不幸，怒其不争”。鲁迅爱他们，希望他们觉悟，希望他们能够自立、自主、自强，拥有做人的原则。

在写作《呐喊》、《彷徨》的同时，鲁迅先生还创作了散文集《朝花夕拾》和散文诗集《野草》。鲁迅先生晚年还完成了一部小说集《故事新编》，在鲁迅的观念中，真正体现中华民族根本精神的不是那些古圣先贤和帝王将相，而是创造了中华民族的女娲，她是中华民族生命力的源泉和象征。鲁迅的《故事新编》以荒诞的手法表现严肃的主题，创立了一种完全新型的历史小说的写法。

最充分体现鲁迅先生创造精神和创造力的还应该首推他的杂文。从“五四”起，鲁迅就开始用杂文的形式与反对新文化的各种不同的论调进行斗争，但那时他还是不自觉的，到了后来，有些人开始嘲笑他是一个“杂文家”，他才更明确地意识到“杂文”的力量，并且开始自觉地从事杂文的创作。鲁迅说，杂文是“感应的神经”，它能够“对于有害的事物，立刻给以反响或抗争”，从而为新文化、新思想的发展在旧文化、旧思想的荆棘丛莽中开辟出一条蜿蜒曲折的道路，使之能够存在，能够发展，能够壮大。鲁迅一生写了《坟》、《热风》、《华盖集》、《华盖集续编》、《三闲集》、《二心集》、《南腔北调集》、《伪自由书》、《准风月谈》、《花边文学》、《且介亭杂文》、《且介亭杂文二集》等十六部杂文集。在这十六部杂文集中，鲁迅把笔触伸向了各种不同的文化现象，各种不同阶层的各种不同的人物，其中有无情的揭露、有愤怒的控诉、有尖锐的批判、有辛辣的讽刺、有机智的幽默、有细致的分析、有果决的论断、有激情的抒发、有痛苦的呐喊、有亲切的鼓励、有热烈的赞颂，笔锋驰骋纵横，文采飞扬，形式多样，变化多端，它自由、大胆地表现现代人的情感和情绪体验，为中国散文的发展开辟了一条更加宽广的道路。鲁迅杂文在中国现代文学史上的地位是不容抹煞的。

【专家品析】

鲁迅是中国文化革命的主将，他不但是伟大的文学家，而且是伟大的思想家和伟大的革命家。鲁迅的骨头是最硬的，他没有丝毫的奴颜和媚骨，这是殖民地半殖民地人民最宝贵的性格。鲁迅是在文化战线上，代表全民族的大多数，向着敌人冲锋陷阵的杰出的民族英雄。鲁迅的方向，就是中华民族新文化的方向，就是新生命的方向。

鲁迅杂文的艺术特点是：第一，善于抓取类型，画出富有典型意义的形象，使议论和形象相结合。第二，善于运用生动、幽默的语言，展开逻辑严密的论证。第三，善于运用联想，将不同时空发生的现象联系起来分析，增强了作品的历史底蕴和深邃内涵。第四，篇章短小精悍，笔墨凝练犀利，锐利如匕首投枪。

【代表作品】

鲁迅写过一首《自嘲》诗，其中有两句为“横眉冷对千夫指，俯首甘为孺子牛”，这是他一生的真实写照。

鲁迅一生写下了800多万字的著译，他的《呐喊》、《彷徨》、《野草》、《朝花夕拾》等许多作品一版再版，被翻译成英、俄、德、法、日、世界语等多种文字，饮誉全球。《鲁迅全集》是他留给中国人民和世界各国人民的一笔宝贵的精神财富。

鲁迅
马克思主义是最明快的哲学，许多以前认为
很纠缠不清的问题，用马克思主义的眼光
看，就明白了。

46 革命文艺，奠基先驱（茅盾·当代）

【生平简介】

姓名：沈德鸿。

笔名：茅盾；字：雁冰。

出生地：浙江嘉兴。

生卒年：公元1896—1981年。

身份：作家、文学评论家。

主要成就：五四新文化运动先驱者之一，我国革命文艺奠基人之一。

【名家推介】

茅盾（公元1896—1981），原名沈德鸿，字雁冰，笔名茅盾。浙江省桐乡县义乌镇人。中国现代著名作家、文学评论家，文化和社会活动家，五四新文化运动先驱者之一，我国革命文艺奠基人之一。

新中国成立后，任文化部部长，主编《人民文学》杂志，多次当选全国人民代表大会代表、政协全国委员会常务委员和第四届、第五届全国委员会副主席。人民文学出版社自1983年起陆续出版的四十卷本《茅盾全集》，收录了他的全部文学著作。

【名家故事】

1927年大革命失败后，武汉的汪精卫和南京的蒋介石实行了臭名昭著的宁汉合流，对革命人士大肆屠杀，国内形势急转直下，非常险恶。沈雁冰由于参加革命活动，不得不离开武汉，最后到了上海，住在景云里。恰好，这时鲁迅和叶圣陶也住在这里，沈雁冰不便出门，又没有工作，生活上便出现了问题，于是就动手写起小说来。可有许多的报社都不登他的文章，于是他写文章的时候内心十分矛盾，所以他在手稿上署的笔名是“矛盾”。后来，他把写好的小说手稿给叶圣陶看，叶圣陶看后非常高兴，就决定在《小说月报》上发表。可叶圣陶认为“矛盾”是个哲学名词，不像一个人的名字，且“矛”不像是姓氏，并且在当时那样的环境下使用如此尖锐的笔名不太好，就自作主张在“矛”字上加了一个草字头，改作“茅盾”。沈雁冰对这一改动也很满意，以后就一直以此为笔名了。

1928年6月，他又先后完成《幻灭》、《动摇》、《追求》——《蚀》三部曲的创作。同年7月，他离开上海去日本，先住东京，后迁京都。客居日本期间写有长篇小说《虹》（未完）和一些短篇小说、散文诗作，以及《神话杂论》、《西洋文学通论》和《北欧神话ABC》、《中国神话研究ABC》等著作。

1930年4月，茅盾从日本回到上海，不久加入中国左翼作家联盟，并一度担任“左联”执行书记。从此，茅盾和鲁迅在一起，从事革命文艺活动和社会活动。1936年2月，当获悉红军长征胜利到达陕北的消息后，鲁迅与茅盾发出致中共中央贺电：“在你们身上，寄托着人类和中国的将来。”同年10月，茅盾和许多文艺工作者发表了《文艺界同人为团结御侮与言论自由宣言》，号召建立文艺界的抗日民族统一战线。

1945年，茅盾完成了第一个剧本《清明前后》的创作，并于9月在重庆上演。这一年的6月，进步的文艺界为纪念茅盾创作活动二十五周年，举行了庆祝会，并发起茅盾文艺奖金征文。1946年3月，抗战胜利后，茅盾离开重庆，经广州、香港，5月到达上海，主编《文联》杂志，并参加呼吁和平、争取民主的活动。6月，和上海进步文化界一起呼吁和平，发表《上书蒋主席马歇尔及各党派》。7月，李公朴、闻一多惨遭国民党特务杀害后，茅盾等致电国际人权保障会，揭露国民党罪行。10月，沈钧儒、茅盾等发表《我们要求政府切实保障言论自由》等文章。同年末，茅盾夫妇应苏联对外文化协会邀请，离上海赴苏联访问。1947年1月起《游苏日记》陆续发表。同年4月，从苏联归国到达上海。

中华人民共和国成立后，茅盾的著述计有《鼓吹集》、《鼓吹续集》、《夜读偶记》、《关于历史和历史剧》和《茅盾诗词》。晚年，他经受着病魔的苦痛仍致力于回忆录的撰写工作。

茅盾的著作，经人民文学出版社及其他出版社印行的计有：《茅盾文集》十卷集，《脱险杂记》、《茅盾论创作》、《茅盾文艺杂论集》、《茅盾文艺评论集》、《茅盾译文选集》、《世界文学名著杂谈》、《神话研究》、回忆录《我走过的道路》以及长篇《锻炼》等。人民文学出版社自1983年起陆续出版的四十卷本的《茅盾全集》收录了他的全部文学著作。

1981年3月4日，沈雁冰在生命的最后时刻，吐露出心声，他是李汉俊介绍入党的，应当是共产党最早的党员，因战争原因与党失去了联系，盼望死后仍承认他是党员，同年的8月31日，中共中央作出关于恢复他的党籍的决定，明确指出："1921年沈雁冰在上海先后参加了共产主义小组和中国共产党，是中国共产党的最早的一批党员。"这一正确结论，也是对李汉俊革命功劳的肯定。1981年3月27日，茅盾病逝于北京。中共中央根据茅盾的请求和他一生的表现，决定恢复他的中国共产党党籍，党龄从1921年算起。他以自己的积蓄设立文学奖金，后定名为"茅盾文学奖金"，奖励优秀的长篇小说创作。

【专家品析】

茅盾是"社会分析派"的典型代表作家，他所开拓的革命现实主义对于中国新文学的发展有着卓越的贡献，大多数研究者高度评价以茅盾为代表的"社会分析派"的优良传统，反对轻易地否定茅盾在文学史上的贡献和地位。

茅盾文学奖是根据茅盾先生生前遗愿，为鼓励优秀长篇小说的创作，推动我国社会主义文学的发展而设立的，是我国具有最高荣誉的文学奖项之一。"茅盾文学奖"是中国第一次设立的以个人名字命名的文学奖。茅盾文学奖是著名作家茅盾先生将自己的25万元稿费捐献出来设立的，是中国长篇小说的最高文学奖之一。

【代表作品】

茅盾著名作品：《蚀》三部曲包括（《幻灭》、《动摇》、《追求》）、《子夜》、《农村三部曲》（《春蚕》、《秋收》、《残冬》）、《林家铺子》等。

47 骆驼祥子，四世同堂（老舍•当代）

【生平简介】

姓名：舒庆春。
别名：老舍。
出生地：北京。
生卒年：公元1899—1966年。
身份：作家。
主要成就：为人民写作，发表了大量影响后人的文学作品。

【名家推介】

老舍（公元1899—1966），原名舒庆春，字舍予，中国现代小说家、文学家、戏剧家。老舍的一生，总是在忘我地工作，他是文艺界当之无愧的“劳动模范”，发表了大量影响后人的文学作品，获得“人民艺术家”的称号。

老舍一生创作了大量的长篇小说、剧本、散文、诗歌。已经出版的

《老舍文集》十九卷，总共有一千万字之多。

【名家故事】

1918年，老舍毕业于北京师范学校。1924年夏，赴英国伦敦大学东方学院任华语教员，并从事文学创作。1926年发表了第一部长篇小说《老张的哲学》在《小说月报》上，署名为“舒庆春”。但自第八号起连载上的署名改为“老舍”，直到小说全部载完，这标志着老舍文学创作道路的开端。老舍就任小学校长的第二年，爆发了五四运动，他确实在一段时期里，对于青年学生及其活动有些隔膜和误解。但“五四”时期兴起的新的时代潮流，包括文学革命在内，仍然冲击着他的心灵。本来，军阀政府基层机构的腐败，混迹其间的卫道者们的虚伪，在这个刚刚来自社会底层的年轻人的眼中，无处不是破绽和丑态，难以与他们安然相处。当“五四”民主科学、个性解放的呼声，把他从“兢兢业业地办小学，恭恭顺顺地侍奉老母，规规矩矩地结婚生子，如是而已”的人生信条中惊醒，他作出了新的抉择。

1922年9月，老舍辞去所有职务，到以开明新派著称的天津南开学校中学部任国文教员，在那里写下了第一篇新文学习作《小铃儿》。在这以前，还坚决退掉母亲包办的婚约。次年回到北京，担任顾孟余主持的北京教育会的文书，同时在第一中学兼课，业余时间到燕京大学旁听英文，一度还信仰过基督教。虽然道路不无曲折，但“五四”推动他进一步挣脱了封建的、世俗的羁绊，去寻求一种比他已经得到的更有意义的生活。

1929年，老舍在新加坡写了中篇小说《小坡的生日》，这是一部儿童文学作品，描写了生活在新加坡的华侨少年与各被压迫民族的小伙伴一起，反对强权奴役的故事，体现了团结奋斗、强国救民的思想境界。1930年至1936年，老舍先后在山东济南齐鲁大学和青岛山东大学任教，此间，他看到第一次国内革命战争失败后日本帝国主义的肆意侵略和国民党反动派的卖国行径，创作了长篇小说《大明湖》，为济南人民以及所有蒙受侵略之苦的祖国人民抒发愤慨，在这部小说里，他第一次描写了共产党人的形象。此后四年，他先后创作了长篇小说《猫城记》、《离婚》、《牛天赐传》等，还出版了包括《黑白李》、《微神》等十五部短篇小说在内的短篇小说集《赶集》以及幽默诗文集《老舍幽默诗文集》。1936年老舍辞职，从事专业写作，在青岛生活的这段时期，是他一生中创作的旺盛期之一，他先后编了两个短篇集《樱海集》、《蛤藻集》，收入中短篇小说十七篇，创作了《选民》、《我这一辈子》、《老牛破车》和中国现代文学史上的长篇杰作《骆驼祥子》。《骆驼祥子》是以北平一个人力车夫祥子的行踪为线索，向人们展示军阀混战、黑暗统治下的北京底层贫苦市民生活于痛苦深渊中的图景。从祥子力图通过个人奋斗摆脱悲惨生活命运，最后失败以至于堕落的故事，告诫人们，城市贫农要翻身做主人，单靠个人奋斗是不行的。

1937年，“七七”卢沟桥事变爆发，老舍告别妻子，只身前往武汉，投入到文艺界的抗日洪流之中。在1938年成立的“中华全国文艺界抗敌协会”中，老舍担任总务部主任。之后，又转到重庆，“文协”在艰难困苦中顽强坚持七年时间，直到抗日战争取得彻底胜利。老舍以满腔热情和耐心细致的工作，团结各个方面的文艺家，共同致力于推动抗战的文艺活动，并以笔为武器，进行多种文艺形式的创作。长诗《剑北篇》用大鼓体写成，《王家镇》、《忠烈图》用京剧形式写成，《残雾》、《归去来兮》、《面子问题》用话剧形式写成。他先后出版了短篇集《火车集》、《贫血集》，长篇小说《火葬》，完成了长篇巨著《四世同堂》的前两部《偷生》和《惶惑》，同时，还撰写了大量杂文、散文、诗歌。1949年10月，老舍创作话剧《方珍珠》。1951年，又创作了歌颂人民政府为普通市民办实事的《龙须沟》，该剧上演后，老舍获得了北京市政府授予的“人民艺术家”荣誉称号。之后，他还创作了歌剧《消灭细菌》、《大家评理》，话剧《生日》、《春华秋实》等。

新中国成立后，老舍政治热情十分高涨，他先后担任中国民间文艺研究会副理事长，北京市文联主席，华北行政委员会委员，全国文联主席团成员，中国作家协会副主席，北京市第一、第二届人大代表，全国人民代表大会第一、第二、第三届主席团成员，全国政协三届会议常务委员等职。自1950年至1955年，老舍创作了大量的话剧、京剧、儿童剧。其中话剧《茶馆》把老舍的话剧艺术推向了高峰，成为我国戏剧艺术殿堂的一颗璀璨明珠。1961年至1962年，老舍创作自传体小说《正红旗下》，遗憾的是未完成，就被迫停笔。1966年，他含冤自沉于北京太平湖，享年67岁。

【专家品析】

老舍先生称自己为“写家”，不说“作家”，还称自己为“文生”。实际上，这是他的一种人生观。纵观他的一生，不论是办教育，还是当作家，都围绕着一个大问题——怎样做人。

老舍一生创作了大量的小说、剧本、散文、诗歌（新式之外包括歌词、古词和旧体诗等），几乎什么形式都涉及了。可以说，老舍的作品的确称得上是“经典”：它的一以当百、一以当千的无可争辩的分量，确立了他在历史上有不可或缺的地位，他是东方所谓说不完的莎士比亚，具有永恒的人格魅力。他的短文、散文《养花》、《猫》、《济南的冬天》、《茶馆》、《草原》、《想北平》和《我的母亲》相继被收录在中小学生课本里。

【代表作品】

老舍是新中国第一位获得“人民艺术家”称号的作家。老舍的作品很多，代表作有《骆驼祥子》、《赵子日》、《老张的哲学》、《四世同堂》、《正红旗下》，剧本《残雾》、《方珍珠》、《面子问题》、《龙须沟》、《春华秋实》、《青年突击队》、《戏剧集》、《柳树井》、《女店员》、《全家福》、《茶馆》，报告文学《无名高地有了名》，中篇小说《月牙儿》、《我这一辈子》、《出口成章》，短篇小说集《赶集》、《樱海集》、《蛤藻集》、《火车集》、《贫血集》及作品集《老舍文集》十六卷。

㊽ 文化领袖，蜚声海内（郭沫若·当代）

【生平简介】

姓名：郭沫若。

别名：郭开贞。

出生地：四川省乐山市观娥乡沙湾镇。

生卒年：公元1892—1978年。

身份：作家、诗人、革命家、社会活动家。

主要成就：新体诗的奠基人，是继鲁迅之后中国文化界公认的领袖。

【名家推介】

郭沫若（公元1892—1978），四川省乐山市观娥乡沙湾镇人。原名郭开贞，字鼎堂，乳名文豹，号尚武。笔名沫若。

他是中国共产党的优秀党员，一生致力于世界和平运动，是我国现代著名的无产阶级文学家、诗人、剧作家、学者和著名的革命家、社会活动家，蜚声海内外。他是我国新体诗的奠基人，是继鲁迅之后中国文化界公认的领袖。

中华人民共和国成立后，他当选为中华全国文学艺术界联合会主席，曾任中国科学院院长、全国人民代表大会常务委员会副委员长等职，主编《中国史稿》和《甲骨文合集》，全部作品《郭沫若全集》共三十八卷。他的许多作品已被译成日、俄、英、德、意、法等多种文字。

【名家故事】

郭沫若生于四川省乐山沙湾一个中等地主兼商人的家庭。幼年入私塾读书，1906年入嘉定高等学堂学习，开始接受民主思想并受到影响。1914年到日本留学，接触了泰戈尔、歌德、莎士比亚、惠特曼等外国作家的作品。1918年他的第一篇小说《牧羊哀话》问世，1918年他最早的新诗《死的诱惑》诞生。1919年五四运动爆发，他在日本福冈发起组织救国团体社，投身于新文化运动，写出了《凤凰涅磐》、《地球，我的母亲》、《炉中煤》等著名诗篇。1921年6月，郭沫若与成仿吾、郁达夫等组织“创造社”，积极从事新文学运动。这一时期的代表作品、诗集《女神》摆脱了中国传统诗歌的束缚，充分反映了“五四”时代精神，在中国文学史上开拓了新一代诗风，是当代最优秀的革命浪漫主义诗作。后来他与郁达夫等人编辑创造社刊物《创造季刊》。

1923年，郭沫若开始系统学习马克思主义理论，提倡无产阶级文学。1924年至1927年间，他创作了历史剧《王昭君》、《聂莹》、《卓文君》等。1930年加入中国左翼作家联盟，参加“左联”东京支部活动。1938年任中华全国文艺界抗敌协会理事。这一时期创作了以《屈原》为代表的六部历史剧。他还写了《十批判书》、《青铜时代》等史论和大量杂文、随笔、诗歌等。

1926年，北伐战争如火如荼，郭沫若就任国民革命军政治部副主任。1927年蒋介石清党后，他参加了中国共产党领导的南昌起义。1928年2月因被国民党政府通缉，流亡日本，埋头研究中国古代社会，著有《中国古代社会研究》、《甲骨文字研究》等重要学术著作。1937年抗日战争爆发后回国，国共合作期间，任军事委员会政治部第三厅厅长，后改任文化工作委员会主任，团结进步文化人士从事抗日救亡运动。1946年后，他站在民主运动前列，成为国民党统治区文化界的革命旗帜。

新中国成立后，郭沫若曾任中央人民政府委员，国务院副总理兼文化教育委员会主任、中国科学院院长、中国科技大学校长、中国科学院哲学社会科学部主任，全国文联第一、第二、第三届主席，并任中国共产党第九、第十、第十一届中央委员、第一至第五届全国人大常务委员会副委员长，全国政协委员、常务委员、副主席等职。

他一生主要精力从事政治社会活动和文化的组织领导工作，以及世界和平、对外友好与交流等事业。同时进行大量的文艺创作，著有历史剧《蔡文姬》、《武则天》，诗集《新华颂》、《百花齐放》、《骆驼集》，文艺论著《读〈随园诗话〉札记》，《李白与杜甫》等，主编《中国史稿》和《甲骨文合集》。郭沫若一生写下了诗歌、散文、小说、历史剧、传记文学、评论等大量著作，另有许多史论、考古论文和译著，对中国的科学文化事业做出了多方面的重大贡献。1982年起陆续出版发行《郭沫若全集》。

郭沫若是中国科学技术大学的主要创建者之一。1958年5月，为了实现科学技术的现代化，加速培养国防建设和尖端科学技术方面急需的专门人才，当时任中国科学院院长的郭沫若联合部分著名科学家，向党中央提出由中国科学院创办一所新型大学的建议。此建议得到党和国家领导人刘少奇、周恩来、邓小平、聂荣臻等人的支持，并获得了中央书记处会议的批准。同年9月，中国科学技术大学在北京正式成立，国务院任命郭沫若兼任校长。此后，郭沫若担任中国科学技术大学校长长达二十年，显示出渊博的知识和深邃的教育思想。在他的领导下，科学院贯彻“全院办校，所系结合”的办校方针，实施科研与教育一体化政策，充分发挥科学院各研究所师资力量雄厚、科研设备优良的优势，全力支持科大建设。1988年，在中国科大建校三十周年之际，在东区校园树立了郭沫若铜像。

【专家品析】

郭沫若在中国现代文学史上和中国历史学、考古学等领域享有崇高的地位。他是继鲁迅之后，中国文化战线上又一面光辉的旗帜。著作结集为《沫若文集》十七卷本，新编《郭沫若全集》分文学（二十卷）、历史、考古三编，1982年起陆续出版发行。许多作品已被译成日、俄、英、德、意、法等多种文字。

【代表作品】

《女神》是郭沫若1919年至1921年之间的主要诗作，连同序诗共五十七篇，多为诗人留学日本时所作。其中代表诗篇有《凤凰涅磐》、《女神之再生》、《炉中煤》、《日出》、《笔立山头展望》、《地球，我的母亲！》、《天狗》、《晨安》、《立在地球边上放号》等。在诗歌形式上，突破了旧格套的束缚，创造了雄浑奔放的自由诗体，为“五四”以后自由诗的发展开拓了新天地。

参考文献

[1] 张继定．中国古代文学家概述与名篇导读[M]．上海：上海文艺出版社，2002．

[2] 唐应光．中国古代文学家故事[M]．上海：少年儿童出版社，1983．

[3] 韩文．中国古代文学家[M]．延吉：延边大学出版社，2004．

[4] 王先华．中国文学家[M]．北京：中国城市出版社，2009．

[5] 吕慧鹃．中国历史著名文学家评传[M]．济南：山东教育出版社，2009．